公民新法早知道系列

最新
未成年人保护法
预防未成年人犯罪法
100问

第二版

中国法制出版社
CHINA LEGAL PUBLISHING HOUSE

前言 / Preface

"少年儿童是祖国的未来，是中华民族的希望。""全社会都要了解少年儿童、尊重少年儿童、关心少年儿童、服务少年儿童，为少年儿童提供良好社会环境。"党的十八大以来，以习近平同志为核心的党中央高度重视未成年人保护工作。2020年10月17日，中华人民共和国第十三届全国人民代表大会常务委员会第二十二次会议修订通过了《中华人民共和国未成年人保护法》（以下简称《未成年人保护法》）。2020年12月26日，中华人民共和国第十三届全国人民代表大会常务委员会第二十四次会议修订通过了《中华人民共和国预防未成年人犯罪法》（以下简称《预防未成年人犯罪法》）。2024年4月26日，中华人民共和国第十四届全国人民代表大会常务委员会第九次会议通过了《全国人民代表大会常务委员会关于修改〈中华人民共和国农业技术推广法〉〈中华人民共和国未成年人保护法〉〈中华人民共和国生物安全法〉的决定》。

《未成年人保护法》和《预防未成年人犯罪法》，是以习近平新时代中国特色社会主义思想为指导，全面贯彻党中央关于加强未成年人保护、预防未成年人违法犯罪工作的精神和要求，坚持从国情实际出发，强化问题导向，着力完善相关制度和工作机制的两部与时俱进的保护未成年人和预防未成年人犯罪的专门法。

最新《未成年人保护法》《预防未成年人犯罪法》100问

《未成年人保护法》从家庭保护、学校保护、社会保护、网络保护、政府保护和司法保护六个方面筑起未成年人保护之网。《预防未成年人犯罪法》明确了预防未成年人违法犯罪的原则和机制，原则主要包括教育和保护相结合，预防为主、提前干预，分级预防、干预和矫治；机制主要包括在政府组织下实行综合治理，专门学校、专门教育指导委员会等专门教育机构发挥独特作用，公检法司等机关和群团组织、社会组织等社会力量充分发挥作用。

为帮助广大读者了解《未成年人保护法》《预防未成年人犯罪法》的理念、精神和规定，我们特别编写出版了《最新〈未成年人保护法〉〈预防未成年人犯罪法〉100问》一书。全书分为看图学法、问答解法和案例释法三部分，编者精选了两部法律所涉及的实用问题，编撰成书。本书不仅是广大从事未成年人工作的读者的有益参考书，也是广大家长保护未成年人权益、未成年人获知自身合法权益的实用指南书。

目录 / Contents

第一篇　看图学法

1. 国家保障未成年人的哪些权利？ / 3
2. 未成年人应当接受哪些教育？ / 5
3. 爷爷奶奶有协助抚养、教育未成年人的义务吗？ / 7
4. 父母能不经过未成年人同意将其玩具赠送给他人吗？ / 9
5. 学校为什么要开展"厉行节约、反对浪费"活动？ / 11
6. 残疾未成年人可以上学吗？ / 13
7. 公共场所要设置母婴室或婴儿护理台吗？ / 15
8. 新闻报道涉及未成年人的事件时，能直接用未成年人的真实姓名吗？ / 17
9. 未成年人能通宵玩网络游戏吗？ / 19
10. 旅馆、宾馆、酒店等住宿经营者接待宾客时要询问成年人与随行未成年人的身份关系吗？ / 21
11. 在自然灾害中失去监护人的未成年人该怎么办？ / 23
12. 培训机构能对学龄前的未成年人进行小学课程教育吗？ / 25
13. 学校、幼儿园周边能开酒吧吗？ / 27
14. 学生能将手机带入课堂吗？ / 29
15. 在学校吸烟会受到处罚吗？ / 31
16. 学校要配备心理健康教育教师吗？ / 33
17. 未成年学生偷窃他人少量财物的，学校怎么处理？ / 35

18. 父母无力管教有严重不良行为的未成年人，该怎么办？/ 37
19. 学校要给符合毕业条件的接受专门教育的未成年人颁发毕业证书吗？/ 39

第二篇　问答解法

第一章　一般规定 / 43

1. 未成年人保护工作应该遵循哪些原则？/ 43
2. 哪些专门机构负有保护未成年人的职责？/ 44
3. 组织或者个人发现不利于未成年人身心健康或者侵犯未成年人合法权益的情形时应该怎么办？/ 44
4. 哪些单位属于密切接触未成年人的单位？/ 45

第二章　家庭保护 / 46

1. 未成年人的父母应当履行哪些监护职责？/ 46
2. 未成年人的父母能放任未成年人吸电子烟吗？/ 48
3. 父母要给未成年人配备儿童安全座椅吗？/ 48
4. 父母能让未成年人单独在家吗？/ 49
5. 未成年人的父母外出务工，能委托他人照护未成年人吗？/ 49
6. 哪些人不能被委托照护未成年人？/ 49
7. 监护人委托他人照护未成年人要告知学校和当地居委会或村委会吗？/ 50
8. 离婚后无抚养权的父或母能探望未成年子女吗？/ 50

第三章　学校保护 / 52

1. 学校保护未成年人的总体原则是什么？/ 52
2. 幼儿园如何开展未成年人保护工作？/ 52

目录

3. 老师可以体罚或变相体罚未成年学生吗？/ 53
4. 辍学的未成年学生还能重新上学吗？/ 54
5. 学校可以组织未成年学生开展劳动教育活动吗？/ 55
6. 学校能在周末给义务教育阶段的未成年学生补课吗？/ 55
7. 学校如何做好未成年学生的卫生保健工作？/ 56
8. 校车上要配备安全管理人员吗？/ 56
9. 学校要对教职工开展防治学生欺凌的教育和培训吗？/ 56
10. 学校、幼儿园要对未成年人开展性教育吗？/ 57

第四章　社会保护 / 58

1. 居委会、村委会如何开展未成年人保护工作？/ 58
2. 爱国主义教育基地、博物馆等公共场所对中小学生优惠开放吗？/ 58
3. 城市公共交通对未成年人有哪些优惠？/ 59
4. 能在学校张贴商业广告吗？/ 60
5. 商场起火时要优先救护未成年人吗？/ 60
6. 学校、幼儿园周边能开设网吧吗？/ 60
7. 能在学校、幼儿园周边卖彩票吗？/ 61
8. 经营者能向未成年人销售管制刀具吗？/ 61
9. 网吧能招用已满十六周岁的未成年人吗？/ 62
10. 密切接触未成年人的单位招聘工作人员时有哪些特殊要求？/ 62
11. 哪些情形下可以开拆、查阅未成年人的信件？/ 63

第五章　网络保护 / 64

1. 为什么要加强未成年人的网络素养宣传教育？/ 64
2. 网信部门在未成年人网络保护中有哪些职责？/ 65
3. 手机要安装未成年人网络保护软件吗？/ 65
4. 信息处理者处理未成年人个人信息时应遵循什么原则？/ 66

5. 处理未成年人个人信息要征得其父母或者其他监护人同意吗？／67
6. 未成年人能用他人的账号玩游戏吗？　／67
7. 未成年人可以开展网络直播活动吗？　／68
8. 网络服务提供者发现用户发布影响未成年人身心健康的信息时应该怎么处理？／69
9. 国家建立统一的未成年人网络游戏电子身份认证系统有什么重要意义？／69
10. 在防治未成年人网络游戏沉迷中，政府、游戏提供者和学校都需要履行哪些职责？／70

第六章　政府保护 ／72

1. 政府机构应当指定专门人员负责承担未成年人保护工作吗？／72
2. 在残疾未成年人接受教育方面，政府有哪些职责？／72
3. 哪些情形下民政部门应当依法对未成年人进行临时监护？／73
4. 哪些情形下民政部门应当依法对未成年人进行长期监护？／73
5. 政府应当开通未成年人保护热线吗？／74

第七章　司法保护 ／75

1. 为什么要对违法犯罪的未成年人给予司法保护？／75
2. 法律援助机构如何保障未成年人的合法权益？／76
3. 公检法机关在办理涉及未成年人犯罪案件时应遵循哪些原则？／76

第八章　预防犯罪 ／78

1. 未成年人沉迷网络属于不良行为吗？／78
2. 学校如何应对有不良行为的未成年人？／79
3. 未成年人离家出走的，应该怎么办？／80
4. 未成年人哪些行为属于严重不良行为？／80

目录

5. 针对存在严重不良行为的未成年人，公安机关可以采取哪些矫治教育措施？ / 81
6. 专门学校如何开展未成年学生专门教育？ / 82
7. 没有监护人的刑满释放的未成年人由谁监护？ / 83

第三篇　案例释法

1. 法院办理涉及未成年人抚养权的离婚案件时要听取未成年人的意见吗？ / 87
2. 父母发现未成年人身心健康受到侵害，能报警吗？ / 88
3. 幼儿园老师用针扎幼儿是违法行为吗？ / 90
4. 培训机构能解聘有性侵行为的老师吗？ / 91
5. 网络平台接到受害人有关网络欺凌的投诉后应该怎么办？ / 92
6. 监护人的资格能被撤销吗？ / 94
7. 如何处理实施刑法规定的行为、因不满法定刑事责任年龄不予刑事处罚的未成年人？ / 96
8. 公检法办理未成年人刑事案件时可以委托社会组织对未成年犯罪嫌疑人进行社会调查和心理救助吗？ / 98
9. 在就业方面歧视有不良行为的未成年人会受到什么处罚？ / 99

附录

中华人民共和国未成年人保护法 / 101

中华人民共和国预防未成年人犯罪法 / 134

第一篇
看图学法

1. 国家保障未成年人的哪些权利？

《未成年人保护法》

第三条 国家保障未成年人的生存权、发展权、受保护权、参与权等权利。

未成年人依法平等地享有各项权利，不因本人及其父母或者其他监护人的民族、种族、性别、户籍、职业、宗教信仰、教育程度、家庭状况、身心健康状况等受到歧视。

普法讲堂

生存权、发展权、受保护权、参与权是《儿童权利公约》规定的儿童享有的权利。《未成年人保护法》规定的国家保障未成年人的生存权、发展权、受保护权和参与权等权利，是与《儿童权利公约》接轨的。生存权是指未成年人享有其固有的生命权、健康权和获得基本生活保障的权利。生存权是未成年人的首要权利。发展权是指充分发展未成年人全部体能和智能的权利。未成年人的发展包括身体、智力、心理、精神、道德和情感等多方面的发展。发展权是未成年人享有的一项基本权利。受保护权是指未成年人享有不受歧视、虐待和忽视的权利。参与权是指未成年人参与家庭和社会生活，并就影响他们生活的事项发表意见的权利。他人在作出与未成年人权益有关的决定时，要告知未成年人。

2. 未成年人应当接受哪些教育？

《未成年人保护法》

第五条 国家、社会、学校和家庭应当对未成年人进行理想教育、道德教育、科学教育、文化教育、法治教育、国家安全教育、健康教育、劳动教育，加强爱国主义、集体主义和中国特色社会主义的教育，培养爱祖国、爱人民、爱劳动、爱科学、爱社会主义的公德，抵制资本主义、封建主义和其他腐朽思想的侵蚀，引导未成年人树立和践行社会主义核心价值观。

普法讲堂

未成年人是祖国的未来,是中华民族的希望,是社会主义建设者和接班人。对广大未成年人进行理想、道德、科学、文化、法治等教育,加强爱国主义、集体主义和中国特色社会主义教育,培养"五爱"公德,有助于引导未成年人树立健康向上的人生观、世界观和价值观,引导其在坚持和发展中国特色社会主义事业、建设社会主义现代化强国、实现中华民族伟大复兴的奋斗中实现自我价值。

3. 爷爷奶奶有协助抚养、教育未成年人的义务吗？

《未成年人保护法》

第十五条 未成年人的父母或者其他监护人应当学习家庭教育知识，接受家庭教育指导，创造良好、和睦、文明的家庭环境。

共同生活的其他成年家庭成员应当协助未成年人的父母或者其他监护人抚养、教育和保护未成年人。

普法讲堂

在我国，大多数老人在退休之后都会选择帮自己的子女带孩子，子女也会首选让父母给自己带孩子。我国很多老人都和子女生活在一起，这样既方便老年父母照顾孙辈，减轻年轻子女负担，也方便年轻子女照顾赡养老年父母。因此，《未成年人保护法》特别规定了共同生活的其他成年家庭成员应当协助未成年人的父母或者其他监护人抚养、教育和保护未成年人。这里共同生活的其他成年家庭成员，包括共同生活的未成年人的爷爷奶奶、外公外婆，成年兄、姐等。

4. 父母能不经过未成年人同意将其玩具赠送给他人吗？

《未成年人保护法》

第十九条 未成年人的父母或者其他监护人应当根据未成年人的年龄和智力发展状况，在作出与未成年人权益有关的决定前，听取未成年人的意见，充分考虑其真实意愿。

普法讲堂

本条规定是《未成年人保护法》"最有利于未成年人原则"在未成年人财产权益保护方面的体现,即使是亲属,如未成年人的父母,也要将未成年人视为权利主体,尊重未成年人的意愿,不能随意处置未成年人的权益。

5. 学校为什么要开展"厉行节约、反对浪费"活动?

《未成年人保护法》

第三十二条 学校、幼儿园应当开展勤俭节约、反对浪费、珍惜粮食、文明饮食等宣传教育活动,帮助未成年人树立浪费可耻、节约为荣的意识,养成文明健康、绿色环保的生活习惯。

普法讲堂

勤俭节约是中华民族的传统美德。习近平总书记关于制止餐饮浪费行为的重要指示精神，在全社会掀起了"厉行节约、反对浪费"的宣传与实践之风。未成年人是祖国的未来，学校、幼儿园开展勤俭节约、反对浪费、珍惜粮食、文明饮食等宣传教育活动，将厉行节约、反对浪费"从娃娃抓起"，有助于未成年人从小树立浪费可耻、节约光荣的意识，养成文明健康、绿色环保的生活习惯。

6. 残疾未成年人可以上学吗?

《未成年人保护法》

第二十八条　学校应当保障未成年学生受教育的权利，不得违反国家规定开除、变相开除未成年学生。

学校应当对尚未完成义务教育的辍学未成年学生进行登记并劝返复学；劝返无效的，应当及时向教育行政部门书面报告。

第八十六条　各级人民政府应当保障具有接受普通教育能力、能适应校园生活的残疾未成年人就近在普通学校、幼儿园接受教育；保障不具有接受普通教育能力的残疾未成年人在特殊教育学校、幼儿园接受学前教育、义务教育和职业教育。

各级人民政府应当保障特殊教育学校、幼儿园的办学、办园条件，鼓励和支持社会力量举办特殊教育学校、幼儿园。

普法讲堂

学校不能拒绝残疾未成年人入学。受教育权是宪法赋予每个公民的权利。学校应当关心、爱护未成年学生,不得因家庭、身体、心理、学习能力等情况歧视学生。对家庭困难、身心有障碍的学生,应当提供关爱;对行为异常、学习有困难的学生,应当耐心帮助。《未成年人保护法》第二十八条明确规定,学校应当保障未成年学生受教育的权利,不得违反国家规定开除、变相开除未成年学生。第八十六条规定,各级人民政府应当保障具有接受普通教育能力、能适应校园生活的残疾未成年人就近在普通学校、幼儿园接受教育;保障不具有接受普通教育能力的残疾未成年人在特殊教育学校、幼儿园接受学前教育、义务教育和职业教育。各级人民政府应当保障特殊教育学校、幼儿园的办学、办园条件,鼓励和支持社会力量举办特殊教育学校、幼儿园。

7. 公共场所要设置母婴室或婴儿护理台吗?

《未成年人保护法》

第四十六条　国家鼓励大型公共场所、公共交通工具、旅游景区景点等设置母婴室、婴儿护理台以及方便幼儿使用的坐便器、洗手台等卫生设施，为未成年人提供便利。

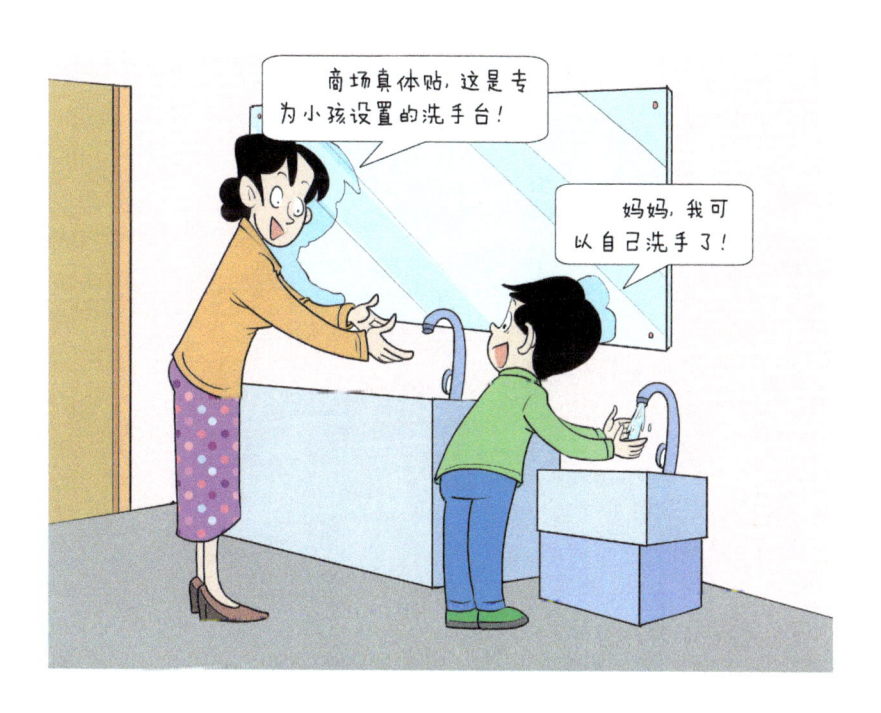

普法讲堂

在大型公共场所、公共交通工具、旅游景区景点等设置母婴室或婴儿护理台，有助于保障母婴权益，营造关爱母婴的友好社会环境。因此，《未成年人保护法》第四十六条规定，国家鼓励大型公共场所、公共交通工具、旅游景区景点等设置母婴室、婴儿护理台以及方便幼儿使用的坐便器、洗手台等卫生设施，为未成年人提供便利。

8. 新闻报道涉及未成年人的事件时，能直接用未成年人的真实姓名吗？

《未成年人保护法》

第四条 保护未成年人，应当坚持最有利于未成年人的原则。处理涉及未成年人事项，应当符合下列要求：

（一）给予未成年人特殊、优先保护；

（二）尊重未成年人人格尊严；

（三）保护未成年人隐私权和个人信息；

（四）适应未成年人身心健康发展的规律和特点；

（五）听取未成年人的意见；

（六）保护与教育相结合。

第四十九条 新闻媒体应当加强未成年人保护方面的宣传，对侵犯未成年人合法权益的行为进行舆论监督。新闻媒体采访报道涉及未成年人事件应当客观、审慎和适度，不得侵犯未成年人的名誉、隐私和其他合法权益。

普法讲堂

新闻报道不能披露未成年人的姓名等真实信息。这也是我国《民法典》人格权编的精神要求。法律对未成年人作出如此特殊的保护，主要是为了防止在社会上产生消极影响，减轻未成年人受到的来自社会的舆论压力以及由此造成的心理负担，以免被披露个人信息的未成年人产生逆反情绪、对抗情绪或消极悲观情绪，甚至抗拒改造、重新违法犯罪，在违法犯罪的道路上越走越远。

如此规定有助于违法犯罪的未成年人加速改造，有助于其将来重返社会。同时，该规定也是保护未成年违法犯罪人的人格权，以及保障未成年违法犯罪人回归社会后开展正常社会生活的必要措施。

9. 未成年人能通宵玩网络游戏吗？

《未成年人保护法》

第七十五条 网络游戏经依法审批后方可运营。

国家建立统一的未成年人网络游戏电子身份认证系统。网络游戏服务提供者应当要求未成年人以真实身份信息注册并登录网络游戏。

网络游戏服务提供者应当按照国家有关规定和标准，对游戏产品进行分类，作出适龄提示，并采取技术措施，不得让未成年人接触不适宜的游戏或者游戏功能。

网络游戏服务提供者不得在每日二十二时至次日八时向未成年人提供网络游戏服务。

普法讲堂

网络游戏具有低门槛、环节设置多样、奖励诱惑、互动性强等特点，对广大未成年游戏玩家具有强大的吸引力。除此之外，广大未成年人身心发育尚不成熟，抵制诱惑能力弱，导致其容易沉迷网络游戏，影响身心健康。为了防止未成年人沉迷网络游戏，《未成年人保护法》特别要求网络游戏服务提供者不得在每日二十二时至次日八时向未成年人提供网络游戏服务。

10. 旅馆、宾馆、酒店等住宿经营者接待宾客时要询问成年人与随行未成年人的身份关系吗？

《未成年人保护法》

第五十七条 旅馆、宾馆、酒店等住宿经营者接待未成年人入住，或者接待未成年人和成年人共同入住时，应当询问父母或者其他监护人的联系方式、入住人员的身份关系等有关情况；发现有违法犯罪嫌疑的，应当立即向公安机关报告，并及时联系未成年人的父母或者其他监护人。

普法讲堂

《未成年人保护法》规定的"旅馆、宾馆、酒店等住宿经营者接待未成年人入住，或者接待未成年人和成年人共同入住时，应当询问父母或者其他监护人的联系方式、入住人员的身份关系等有关情况；发现有违法犯罪嫌疑的，应当立即向公安机关报告，并及时联系未成年人的父母或者其他监护人"，有助于堵住未成年人"开房"监管漏洞，打击拐卖未成年人、性侵未成年人等不法行为。

11. 在自然灾害中失去监护人的未成年人该怎么办？

《未成年人保护法》

第九十二条 具有下列情形之一的，民政部门应当依法对未成年人进行临时监护：

（一）未成年人流浪乞讨或者身份不明，暂时查找不到父母或者其他监护人；

（二）监护人下落不明且无其他人可以担任临护人；

（三）监护人因自身客观原因或者因发生自然灾害、事故灾难、公共卫生事件等突发事件不能履行监护职责，导致未成年人监护缺失；

……

普法讲堂

《未成年人保护法》政府保护一章明确了国家在未成年人的监护人不能履行监护职责时的监护职责。对于在自然灾害中失去监护人的未成年人，民政部门应当依法进行临时监护。对临时监护的未成年人，民政部门可以采取委托亲属抚养、家庭寄养等方式进行安置，也可以交由未成年人救助保护机构或者儿童福利机构进行收留、抚养。临时监护期间，经民政部门评估，监护人重新具备履行监护职责条件的，民政部门可以将未成年人送回监护人抚养。如果查找不到未成年人的父母或者其他监护人，监护人死亡或者被宣告死亡且无其他人可以担任监护人，或者监护人丧失监护能力且无其他人可以担任监护人，民政部门应当依法对未成年人进行长期监护。

第一篇　看图学法

12. 培训机构能对学龄前的未成年人进行小学课程教育吗?

《未成年人保护法》

第三十三条第三款　幼儿园、校外培训机构不得对学龄前未成年人进行小学课程教育。

普法讲堂

幼儿园"小学化"违背了幼儿的认知规律，会禁锢孩子的思维，剥夺幼儿爱玩耍的天性，从长远看，会危害幼儿的身心发展。《未成年人保护法》第三十三条第三款特别规定，幼儿园、校外培训机构不得对学龄前未成年人进行小学课程教育。这是对我国当前幼儿教育小学化的规制，有助于保障学龄前儿童和教师的合法权益，促进学前教育的普及、普惠和质量的提升。

13. 学校、幼儿园周边能开酒吧吗?

《未成年人保护法》

第五十九条第一款 学校、幼儿园周边不得设置烟、酒、彩票销售网点。禁止向未成年人销售烟、酒、彩票或者兑付彩票奖金。烟、酒和彩票经营者应当在显著位置设置不向未成年人销售烟、酒或者彩票的标志;对难以判明是否是未成年人的,应当要求其出示身份证件。

普法讲堂

未成年人正处于身体发育阶段，其身体器官发育尚未成熟，酒精会延缓、阻碍他们身体的正常发育。此外，正处于学习阶段的未成年人，饮酒后容易感情用事，做出追悔莫及的行为。学校周边的酒吧是诱惑未成年人饮酒的"灾区"。因此，《未成年人保护法》特别规定，学校、幼儿园周边不得开设酒吧，旨在从社会方面防控未成年人饮酒。

14. 学生能将手机带入课堂吗？

《未成年人保护法》

第七十条第一款 学校应当合理使用网络开展教学活动。未经学校允许，未成年学生不得将手机等智能终端产品带入课堂，带入学校的应当统一管理。

普法讲堂

随着移动互联网的发展和智能终端产品的普及，很多学生从小学便有了自己的手机，其中不少学生会把手机带进校园。虽然随身携带手机可以方便学生和家人联系，但未成年学生携带手机进入课堂弊大于利。未成年学生携带手机进入课堂，首先，会分散其注意力，影响正常的学习生活；且过长时间使用手机会影响其视力发育。因此，《未成年人保护法》第七十条第一款特别规定，学校应当合理使用网络开展教学活动。未经学校允许，未成年学生不得将手机等智能终端产品带入课堂，带入学校的应当统一管理。

15. 在学校吸烟会受到处罚吗？

《未成年人保护法》

第五十九条 学校、幼儿园周边不得设置烟、酒、彩票销售网点。禁止向未成年人销售烟、酒、彩票或者兑付彩票奖金。烟、酒和彩票经营者应当在显著位置设置不向未成年人销售烟、酒或者彩票的标志；对难以判明是否是未成年人的，应当要求其出示身份证件。

任何人不得在学校、幼儿园和其他未成年人集中活动的公共场所吸烟、饮酒。

第一百二十四条 违反本法第五十九条第二款规定，在学校、幼儿园和其他未成年人集中活动的公共场所吸烟、饮酒的，由卫生健康、教育、市场监督管理等部门按照职责分工责令改正，给予警告，可以并处五百元以下罚款；场所管理者未及时制止的，由卫生健康、教育、市场监督管理等部门按照职责分工给予警告，并处一万元以下罚款。

普法讲堂

吸烟有害健康，这是不争的事实。吸烟不仅会引发疾病，危害吸烟者的身体健康，还会污染环境，让他人暴露于二手烟的危害中。在学校等未成年人集中活动的公共场所吸烟，会让未成年人被迫吸入二手烟，由于未成年人各器官发育尚不完善，免疫力较差，所以其更容易受到烟草中有害物质的影响。因此，《未成年人保护法》第五十九条第二款特别规定，任何人不得在学校、幼儿园和其他未成年人集中活动的公共场所吸烟、饮酒。除此之外，为了给未成年人营造良好健康的社会环境，《未成年人保护法》明确规定，违反该法第五十九条第二款规定，在学校、幼儿园和其他未成年人集中活动的公共场所吸烟、饮酒的，由卫生健康、教育、市场监督管理等部门按照职责分工责令改正，给予警告，可以并处五百元以下罚款；场所管理者未及时制止的，由卫生健康、教育、市场监督管理等部门按照职责分工给予警告，并处一万元以下罚款。

16. 学校要配备心理健康教育教师吗？

《预防未成年人犯罪法》

第十九条　学校应当配备专职或者兼职的心理健康教育教师，开展心理健康教育。学校可以根据实际情况与专业心理健康机构合作，建立心理健康筛查和早期干预机制，预防和解决学生心理、行为异常问题。

学校应当与未成年学生的父母或者其他监护人加强沟通，共同做好未成年学生心理健康教育；发现未成年学生可能患有精神障碍的，应当立即告知其父母或者其他监护人送相关专业机构诊治。

普法讲堂

当前，社会信息传播方式日益便捷，传播速度日益加快。中小学生处在身心发展的重要时期，随着生理、心理的发育，社会阅历的扩展及思维方式的变化，他们在学习、生活、人际交往、升学就业和自我意识等方面会遇到各种各样的心理困惑或问题。而这些困惑和问题，如果没有得到及时的疏导和处理，会严重影响中小学生的成长。因此，《预防未成年人犯罪法》特别规定，学校应当配备专职或者兼职的心理健康教育教师，开展心理健康教育。学校可以根据实际情况与专业心理健康机构合作，建立心理健康筛查和早期干预机制，预防和解决学生心理、行为异常问题。

17. 未成年学生偷窃他人少量财物的，学校怎么处理？

《预防未成年人犯罪法》

第三十三条 未成年学生偷窃少量财物，或者有殴打、辱骂、恐吓、强行索要财物等学生欺凌行为，情节轻微的，可以由学校依照本法第三十一条规定采取相应的管理教育措施。

普法讲堂

根据《预防未成年人犯罪法》的规定,对于未成年学生偷窃他人少量财物的行为,学校应当采取适当的管理教育措施。具体而言,可采取以下措施:(1)予以训导;(2)要求遵守特定的行为规范;(3)要求参加特定的专题教育;(4)要求参加校内服务活动;(5)要求接受社会工作者或者其他专业人员的心理辅导和行为干预;(6)其他适当的管理教育措施。学校在加强管理教育的时候,不得歧视未成年学生。学校要坚持教育与保护相结合的原则,注意采用未成年学生能接受的言语行为方式,不给未成年学生造成心理伤害。

18. 父母无力管教有严重不良行为的未成年人，该怎么办？

《预防未成年人犯罪法》

第四十三条 对有严重不良行为的未成年人，未成年人的父母或者其他监护人、所在学校无力管教或者管教无效的，可以向教育行政部门提出申请，经专门教育指导委员会评估同意后，由教育行政部门决定送入专门学校接受专门教育。

普法讲堂

对有严重不良行为的未成年人进行处理的最佳方式是教育，辅之以必要的惩戒和矫治，进而挽救感化，而不是主要依靠惩罚。根据《预防未成年人犯罪法》的规定，国家加强专门学校建设，对有严重不良行为的未成年人进行专门教育。对有严重不良行为的未成年人，未成年人的父母或者其他监护人、所在学校无力管教或者管教无效的，可以向教育行政部门提出申请，经专门教育指导委员会评估同意后，由教育行政部门决定送入专门学校接受专门教育。

19. 学校要给符合毕业条件的接受专门教育的未成年人颁发毕业证书吗？

《预防未成年人犯罪法》

第四十七条　专门学校应当对接受专门教育的未成年人分级分类进行教育和矫治，有针对性地开展道德教育、法治教育、心理健康教育，并根据实际情况进行职业教育；对没有完成义务教育的未成年人，应当保证其继续接受义务教育。

专门学校的未成年学生的学籍保留在原学校，符合毕业条件的，原学校应当颁发毕业证书。

普法讲堂

在专门学校接受专门教育的未成年学生,符合毕业条件的,原学校应当为其颁发毕业证书。这既是对接受专门教育的未成年人受教育权的保障,也是我国《预防未成年人犯罪法》尊重未成年人人格尊严、为未成年人身心健康发展创造良好社会环境原则的体现。

第二篇
问答解法

第一章　一般规定

1. 未成年人保护工作应该遵循哪些原则？

根据《未成年人保护法》第四条的规定，保护未成年人，应当坚持最有利于未成年人的原则，即未成年人最大利益原则。该原则要求将未成年人放在权利中心位置，在处理关乎未成年人利益的问题时，要全方位地考虑未成年人的长远利益和根本利益，从而作出最有利于未成年人的措施和安排。该原则是贯穿于未成年人保护工作全过程、对未成年人保护工作起指导作用的根本性准则。

在处理涉及未成年人事项时，还应当遵循以下基本原则：(1) 给予未成年人特殊、优先保护；(2) 尊重未成年人人格尊严；(3) 保护未成年人隐私权和个人信息；(4) 适应未成年人身心健康发展的规律和特点；(5) 听取未成年人的意见；(6) 保护与教育相结合。

由于未成年人身心发育尚不成熟，因此在未成年人保护工作中，要给予未成年人特殊保护，尊重其人格尊严。此外，未成年人保护工作不能仅仅把未成年人当作保护对象，也应当重视其主体性的发挥，因而要保护未成年人的隐私权和个人信息，在作出与未成年人权益有关的决定等时,要听取未成年人的意见。

2. 哪些专门机构负有保护未成年人的职责?

根据《未成年人保护法》的规定,国家机关、武装力量、政党、人民团体、企业事业单位、社会组织、城乡基层群众性自治组织,都有保护未成年人的责任。

各级人民政府应当重视和加强未成年人保护工作。县级以上人民政府负责妇女儿童工作的机构,负责未成年人保护工作的组织、协调、指导、督促,有关部门在各自职责范围内做好相关工作。

共产主义青年团、妇女联合会、工会、残疾人联合会、关心下一代工作委员会、青年联合会、学生联合会、少年先锋队以及其他人民团体、有关社会组织,应当协助各级人民政府及其有关部门、人民检察院、人民法院做好未成年人保护工作,维护未成年人合法权益。

3. 组织或者个人发现不利于未成年人身心健康或者侵犯未成年人合法权益的情形时应该怎么办?

根据《未成年人保护法》第十一条的规定,任何组织或者个人发现不利于未成年人身心健康或者侵犯未成年人合法权益的情形,都有权劝阻、制止或者向公安、民政、教育等有关部门提出检举、控告。

国家机关、居民委员会、村民委员会、密切接触未成年人的单位及其工作人员，在工作中发现未成年人身心健康受到侵害、疑似受到侵害或者面临其他危险情形的，应当立即向公安、民政、教育等有关部门报告。

有关部门接到涉及未成年人的检举、控告或者报告，应当依法及时受理、处置，并以适当方式将处理结果告知相关单位和人员。

4. 哪些单位属于密切接触未成年人的单位？

密切接触未成年人的单位，是指学校、幼儿园等教育机构；校外培训机构；未成年人救助保护机构、儿童福利机构等未成年人安置、救助机构；婴幼儿照护服务机构、早期教育服务机构；校外托管、临时看护机构；家政服务机构；为未成年人提供医疗服务的医疗机构；其他对未成年人负有教育、培训、监护、救助、看护、医疗等职责的企业事业单位、社会组织等。其中，学校是指，普通中小学、特殊教育学校、中等职业学校、专门学校。

第二章　家庭保护

1. 未成年人的父母应当履行哪些监护职责？

父母对未成年子女负有抚养、教育和保护的义务。家庭是未成年人生活、学习的重要场所。父母子女间的亲密关系，为父母教育未成年子女提供了有利条件。父母作为未成年人的法定监护人，应当按照法律和道德要求，采取正确的方法，对未成年子女进行抚养、教育和保护。《未成年人保护法》第十六条和第十七条从正反两个维度全面规定了其职责。

其中，第十六条从正面维度规定未成年人的父母或者其他监护人应当履行下列监护职责：（1）为未成年人提供生活、健康、安全等方面的保障；（2）关注未成年人的生理、心理状况和情感需求；（3）教育和引导未成年人遵纪守法、勤俭节约，养成良好的思想品德和行为习惯；（4）对未成年人进行安全教育，提高未成年人的自我保护意识和能力；（5）尊重未成年人受教育的权利，保障适龄未成年人依法接受并完成义务教育；（6）保障未成年人休息、娱乐和体育锻炼的时间，引导未成年人进行有益身心健康的活动；（7）妥善管理和保护未成年人的财产；（8）依法代理未成年人实施民事法律行为;(9)预防和制止未成年人的不良行为和违法犯罪行为,并进行合理管教;(10)其他应当履行的监护职责。

第十七条从反面维度规定未成年人的父母或者其他监护人不得实施下列行为:(1)虐待、遗弃、非法送养未成年人或者对未成年人实施家庭暴力;(2)放任、教唆或者利用未成年人实施违法犯罪行为;(3)放任、唆使未成年人参与邪教、迷信活动或者接受恐怖主义、分裂主义、极端主义等侵害;(4)放任、唆使未成年人吸烟(含电子烟)、饮酒、赌博、流浪乞讨或者欺凌他人;(5)放任或者迫使应当接受义务教育的未成年人失学、辍学;(6)放任未成年人沉迷网络,接触危害或者可能影响其身心健康的图书、报刊、电影、广播电视节目、音像制品、电子出版物和网络信息等;(7)放任未成年人进入营业性娱乐场所、酒吧、互联网上网服务营业场所等不适宜未成年人活动的场所;(8)允许或者迫使未成年人从事国家规定以外的劳动;(9)允许、迫使未成年人结婚或者为未成年人订立婚约;(10)违法处分、侵吞未成年人的财产或者利用未成年人牟取不正当利益;(11)其他侵犯未成年人身心健康、财产权益或者不依法履行未成年人保护义务的行为。

上述二十余项监护职责是《未成年人保护法》对父母作为未成年人监护人提出的要求。父母在监护过程中,既要从正面引导未成年人,给未成年人传输正能量,也要严格管教未成年人,不能放任未成年人为所欲为,更不能侵害未成年人的身心健康和财产权益。

2. 未成年人的父母能放任未成年人吸电子烟吗？

未成年人的父母不能放任未成年人吸电子烟。根据《未成年人保护法》第十七条的规定，未成年人的父母或者其他监护人不得放任、唆使未成年人吸烟（含电子烟）。未成年人尚处于身体发育阶段，身体没有发育成熟，吸烟会对其身体健康产生非常不利的影响。此外，未成年人吸烟容易诱发别的不良行为，影响未成年人的身心健康。电子烟是一种模仿卷烟的电子产品，其所含的尼古丁会对青少年的大脑造成不可逆的危害。因此，《未成年人保护法》特别规定，父母不能放任未成年人吸烟（含电子烟）。

3. 父母要给未成年人配备儿童安全座椅吗？

根据《未成年人保护法》第十八条的规定，未成年人的父母或者其他监护人应当采取配备儿童安全座椅、教育未成年人遵守交通规则等措施，防止未成年人受到交通事故的伤害。意外伤害现已成为影响儿童健康的第一因素，而道路交通伤害则是第一大类威胁。父母给未成年人配备儿童安全座椅，是保障儿童出行安全的一项重要措施。

4. 父母能让未成年人单独在家吗?

未成年人能否单独在家应当根据未成年人的年龄来定。未满8周岁的未成年人,父母不能使其处于无人看护的状态,也不能将其交由无民事行为能力、限制民事行为能力、患有严重传染性疾病或者其他不适宜的人员临时照护。未成年人的父母或者其他监护人不得使未满十六周岁的未成年人脱离监护单独生活。

5. 未成年人的父母外出务工,能委托他人照护未成年人吗?

根据《未成年人保护法》第二十二条的规定,未成年人的父母或者其他监护人因外出务工等原因在一定期限内不能完全履行监护职责的,应当委托具有照护能力的完全民事行为能力人代为照护;无正当理由的,不得委托他人代为照护。

未成年人的父母或者其他监护人在确定被委托人时,应当综合考虑其道德品质、家庭状况、身心健康状况、与未成年人生活情感上的联系等情况,并听取有表达意愿能力未成年人的意见。

6. 哪些人不能被委托照护未成年人?

父母或者其他监护人委托他人照护未成年人时,下列人员不得作为被委托人：（1）曾实施性侵害、虐待、遗弃、拐卖、暴力伤害等违法犯罪行为；（2）有吸毒、酗酒、赌博等恶习；（3）曾拒不履行或者长期怠于履行监护、照护职责；（4）其他不适宜担任被委托人的情形。

7. 监护人委托他人照护未成年人要告知学校和当地居委会或村委会吗？

根据《未成年人保护法》第二十三条的规定，未成年人的父母或者其他监护人应当及时将委托照护情况书面告知未成年人所在学校、幼儿园和实际居住地的居民委员会、村民委员会，加强和未成年人所在学校、幼儿园的沟通。未成年人的父母或者其他监护人应当与未成年人、被委托人至少每周联系和交流一次，了解未成年人的生活、学习、心理等情况，并给予未成年人亲情关爱。

8. 离婚后无抚养权的父或母能探望未成年子女吗？

离婚后无抚养权的一方有权探望未成年子女。父母与子女间的关系，不因父母离婚而消除。离婚后，子女无论由父或者母直接抚养，仍是父母双方的子女。根据《民法典》第一千零八十六条的规定，离婚后，不直接抚养子女的父或者母，有探望子女的权利，另一方有协助的义务。行使探望权利的方式、时间由当事人协议；协议不成的，由人民法院判决。根据《未成年人保护法》第二十四条第二款的规定，未成年人的父母离婚后，不直接抚养未成年子女的一方应当依照协议、人民法院判决或者调解确定的时间和方式，在不影响未成年人学习、生活的情况下探望未成年子女，直接抚养的一方应当配合，但被人民法院依法中止探望权的除外。

第三章 学校保护

1. 学校保护未成年人的总体原则是什么？

学校是未成年人步入社会的重要阶梯，学生时期是塑造未成年人世界观、人生观和价值观的黄金时段。在学校接受教育，是未成年人成长道路上最关键的一环。《未成年人保护法》在学校保护这一章，专门提出了学校保护的总体原则：学校应当全面贯彻国家教育方针，坚持立德树人，实施素质教育，提高教育质量，注重培养未成年学生认知能力、合作能力、创新能力和实践能力，促进未成年学生全面发展。学校应当建立未成年学生保护工作制度，健全学生行为规范，培养未成年学生遵纪守法的良好行为习惯。

2. 幼儿园如何开展未成年人保护工作？

幼儿园教育是整个教育体系的基础，是未成年人从家庭迈入学校的第一步。幼儿园应当做好保育、教育工作，遵循幼儿身心发展规律，实施启蒙教育，促进幼儿在体质、智力、品德等方面和谐发展。

3. 老师可以体罚或变相体罚未成年学生吗？

老师不能体罚或变相体罚未成年学生。体罚是指通过对人身体的责罚，特别是造成疼痛，来进行惩罚或教育的行为。体罚不仅损害了学生的身体，也损害了学生的人格尊严。常见的体罚方式有罚站、罚跪、罚绕操场跑圈等，严重的还有打耳光，用黑板擦、扫帚等责打学生。

变相体罚一般没有直接的身体接触，通常采用罚抄课文、罚做值日、不让吃饭、放学后不让学生回家、不分青红皂白地辱骂或者挖苦学生、无故禁止学生参加班级活动等侧重于在心理上施加压力，使受罚学生感到痛苦或者疲劳的措施。相比体罚，变相体罚对学生身体的损害并不那么明显，表面看来不会造成严重后果，但是变相体罚对受罚学生造成的心灵创伤不可忽视，未成年人的心理发育尚不成熟，变相体罚带来的羞辱、愧疚等负面情绪和心理压力如果不能得到及时的疏导，很有可能导致严重后果。在实践中，体罚和变相体罚危及未成年人年轻生命的情况时有发生。因此，《未成年人保护法》第二十七条明确规定，学校、幼儿园的教职员工应当尊重未成年人人格尊严，不得对未成年人实施体罚、变相体罚或者其他侮辱人格尊严的行为。

4. 辍学的未成年学生还能重新上学吗？

受教育是宪法保障的一项公民基本权利，同时也是基本义务。《义务教育法》第四条规定，凡具有中华人民共和国国籍的适龄儿童、少年，不分性别、民族、种族、家庭财产状况、宗教信仰等，依法享有平等接受义务教育的权利，并履行接受义务教育的义务。《未成年人保护法》第二十八条规定，学校应当保障未成年学生受教育的权利，不得违反国家规定开除、变相开除未成年学生。学校应当对尚未完成义务教育的辍学未成年学生进行登记并劝返复学；劝返无效的，应当及时向教育行政部门书面报告。此外，《未成年人保护法》第八十三条第二款规定，对尚未完成义务教育的辍学未成年学生，教育行政部门应当责令父母或者其他监护人将其送入学校接受义务教育。

由此可见，适龄未成年人接受义务教育，既是一项权利，也是一项义务。对于未成年人而言，接受义务教育是使自己具备基础知识和基本素养的一条基本途径，是将来立足社会至关重要的一步，因此，这一项权利必须得到充分保障。未成年人是祖国的未来，是社会主义事业的接班人，要将未成年人培养成为建设祖国、为社会作出贡献的有用的人，义务教育阶段的培养是不可或缺的。《未成年人保护法》特别规定了学校对尚未完成义务教育的辍学未成年学生进行登记并劝返复学的义务，教育行政部门有责令父母或者其他监护人将辍学未成年学生送入学校接受义务教育的责任。依法保障未成年人受教育的权利是各级、各类学校以及其他教育机构的法定义务和基本职责。因此，辍学的未成年学生是能重新上学的。

5. 学校可以组织未成年学生开展劳动教育活动吗？

学校应当组织学生开展劳动教育活动。劳动是创造物质财富和精神财富的过程，是人类特有的基本社会实践活动。学校组织学生开展劳动教育活动，让未成年学生动手实践、出力流汗，接受锻炼、磨炼意志，有助于强化劳动观念，弘扬劳动精神，培养未成年人树立正确的劳动价值观和养成良好的劳动品质。《未成年人保护法》第三十一条规定，学校应当组织未成年学生参加与其年龄相适应的日常生活劳动、生产劳动和服务性劳动，帮助未成年学生掌握必要的劳动知识和技能，养成良好的劳动习惯。因此，学校应当根据教育目标，针对不同学段、不同类型学生的特点，以日常生活劳动、生产劳动和服务性劳动为主要内容开展劳动教育。学校在组织未成年学生开展劳动教育活动时，应结合产业新业态、劳动新形态，注重选择新型服务性劳动的内容。

6. 学校能在周末给义务教育阶段的未成年学生补课吗？

学校不能在周末给义务教育阶段的未成年学生补课。根据《未成年人保护法》第三十三条的规定，学校应当与未成年学生的父母或者其他监护人互相配合，合理安排未成年学生的学习时间，保障其休息、娱乐和体育锻炼的时间。学校不得占用国家法定节假日、休息日及寒暑假期，组织义务教育阶段的未成年学生集体补课，加重其学习负担。

7. 学校如何做好未成年学生的卫生保健工作？

根据《未成年人保护法》第三十四条、第三十七条的规定，学校、幼儿园应当提供必要的卫生保健条件，协助卫生健康部门做好在校、在园未成年人的卫生保健工作。学校、幼儿园应当根据需要，制定应对自然灾害、事故灾难、公共卫生事件等突发事件和意外伤害的预案，配备相应设施并定期进行必要的演练。

8. 校车上要配备安全管理人员吗？

校车上应当配备安全管理人员。根据《未成年人保护法》第三十六条的规定，使用校车的学校、幼儿园应当建立健全校车安全管理制度，配备安全管理人员，定期对校车进行安全检查，对校车驾驶人进行安全教育，并向未成年人讲解校车安全乘坐知识，培养未成年人校车安全事故应急处理技能。

9. 学校要对教职工开展防治学生欺凌的教育和培训吗？

学校应当建立学生欺凌防控工作制度，对教职员工、学生等开展防治学生欺凌的教育和培训。学生欺凌，是指发生在学生之间，一方蓄意或者恶意通过肢体、语言及网络等手段实施欺压、侮辱，造成另一方人身伤害、财产损失或者精神损害的行为。近年来，学生欺凌频发于中小学，给被欺凌的未成年人造成了不同程度的心理阴影，严重危害未成年人的身心健康。学校为学生欺凌事件的主要发生场所，《未成年人保护法》特别规定学校应当建立学生欺凌防控工作制度，要求学校对教职员工和学生等开展防治学生欺凌的教育和培训，以提高教职员工应对和处理学生欺凌事件的能力，增强学生预防和应对学生欺凌的意识，提高学生自我保护能力。

10. 学校、幼儿园要对未成年人开展性教育吗？

学校、幼儿园应当对未成年人开展适合其年龄的性教育。未成年人由于身心还没有发育成熟，自我保护能力比较差，非常容易成为性犯罪的犯罪对象。近年来，随着生活条件的改善、传媒通信的日益发达以及智能终端产品的广泛使用，未成年人的身体和思想都比较早熟。与此同时，未成年人性侵事件频发，引发社会高度关注。未成年人性侵事件不仅给社会带来不良影响，更给未成年人的身心带来严重伤害。为了防止未成年人性侵事件的发生，给未成年人一个快乐的童年，学校和家长要教未成年人加强自我保护意识，培养自我保护能力。《未成年人保护法》第四十条特别规定了学校、幼儿园应对未成年人开展适合其年龄的性教育，提高未成年人防范性侵害、性骚扰的自我保护意识和能力。

第四章　社会保护

1. 居委会、村委会如何开展未成年人保护工作？

根据《未成年人保护法》第四十三条的规定，居民委员会、村民委员会应当设置专人专岗负责未成年人保护工作，协助政府有关部门宣传未成年人保护方面的法律法规，指导、帮助和监督未成年人的父母或者其他监护人依法履行监护职责，建立留守未成年人、困境未成年人的信息档案并给予关爱帮扶。

居民委员会、村民委员会应当协助政府有关部门监督未成年人委托照护情况，发现被委托人缺乏照护能力、怠于履行照护职责等情况，应当及时向政府有关部门报告，并告知未成年人的父母或者其他监护人，帮助、督促被委托人履行照护职责。

2. 爱国主义教育基地、博物馆等公共场所对中小学生优惠开放吗？

公共文化设施在未成年人的思想道德建设中起着重要作用。未成年人除了在家和学校活动之外，还有不少时间是在社会上活动，如到爱国主义教育基地参观、到博物馆参观、到科技馆参加活动等。到这些公共场所活动，既能使未成年人的生活丰富多彩、充满乐趣，又能开阔眼界、增长见识。因此，国家特别重视公共文化设施的建设。为了使未成年人增长见识、陶冶情操，《未成年人保护法》第四十四条特别规定，爱国主义教育基地、图书馆、青少年宫、儿童活动中心、儿童之家应当对未成年人免费开放；博物馆、纪念馆、科技馆、展览馆、美术馆、文化馆、社区公益性互联网上网服务场所以及影剧院、体育场馆、动物园、植物园、公园等场所，应当按照有关规定对未成年人免费或者优惠开放。

3. 城市公共交通对未成年人有哪些优惠？

根据《未成年人保护法》第四十五条的规定，城市公共交通以及公路、铁路、水路、航空客运等应当按照有关规定对未成年人实施免费或者优惠票价。交通运输部、国家发展改革委发布的《关于深化道路运输价格改革的意见》规定，除9座及以下客车外，符合条件的儿童享受免费乘车或者客票半价优待。具体条件为：每一成人旅客可携带1名6周岁（含6周岁）以下或者身高1.2米（含1.2米）以下且不单独占用座位的儿童免费乘车，携带的儿童需单独占用座位或者超过1名时，超过的人数执行客票半价优待，并提供座位；6—14周岁或者身高为1.2—1.5米的儿童乘车执行客票半价优待，并提供座位。《未成年人保护法》第四十七条规定，任何组织或者个人不得违反有关规定，限制未成年人应当享有的照顾或者优惠。

4. 能在学校张贴商业广告吗？

根据《未成年人保护法》第五十三条的规定，任何组织或者个人不得刊登、播放、张贴或者散发含有危害未成年人身心健康内容的广告；不得在学校、幼儿园播放、张贴或者散发商业广告；不得利用校服、教材等发布或者变相发布商业广告。

5. 商场起火时要优先救护未成年人吗？

受保护权是国家保障的一项未成年人的基本权利。坚持最有利于未成年人原则是未成年人保护工作的基本原则。给予未成年人特殊、优先保护是处理涉及未成年人事项的基本要求。因此，《未成年人保护法》第五十六条第三款特别规定，公共场所发生突发事件时，应当优先救护未成年人。商场属于公共场所，因此当商场发生起火等突发事件时，应该优先救护未成年人。

6. 学校、幼儿园周边能开设网吧吗？

《未成年人保护法》第五十八条规定，学校、幼儿园周边不得设置营业性娱乐场所、酒吧、互联网上网服务营业场所等不适宜未成年人活动的场所。营业性歌舞娱乐场所、酒吧、互联网上网服务营业场所等不适宜未成年人活动场所的经营者，不得允许未成年人进入；游艺娱乐场所设置的电子游戏设备，除国家法定节假日外，不得向未成年人提供。经营者应当在显著位置设置未成年人禁入、限入标志；对难以判明是否是未成年人的，应当要求其出示身份证件。

7. 能在学校、幼儿园周边卖彩票吗？

不能在学校、幼儿园周边卖彩票。根据《未成年人保护法》第五十九条的规定，学校、幼儿园周边不得设置烟、酒、彩票销售网点。禁止向未成年人销售烟、酒、彩票或者兑付彩票奖金。烟、酒和彩票经营者应当在显著位置设置不向未成年人销售烟、酒或者彩票的标志；对难以判明是否是未成年人的，应当要求其出示身份证件。向中小学生销售彩票，容易诱发中小学生的投机心理，影响青少年的心理健康。因此，法律明确规定，学校、幼儿园周边不得设置彩票销售网点。

8. 经营者能向未成年人销售管制刀具吗？

经营者不能向未成年人销售管制刀具。根据《未成年人保护法》第六十条的规定，禁止向未成年人提供、销售管制刀具或者其他可能致人严重伤害的器具等物品。经营者难以判明购买者是否是未成年人的，应当要求其出示身份证件。经营者违反该条规定的，根据《未成年人保护法》第一百二十三条的规定，由文化和旅游、市场监督管理、烟草专卖、公安等部门按照职责分工责令经营者限期改正，给予警告，没收违法所得，可以并处五万元以下罚款；拒不改正或者情节严重的，责令经营者停业整顿或者吊销营业执照、吊销相关许可证，可以并处五万元以上五十万元以下罚款。

9. 网吧能招用已满十六周岁的未成年人吗？

网吧不能招用已满十六周岁的未成年人。《未成年人保护法》第六十一条第二款规定，营业性娱乐场所、酒吧、互联网上网服务营业场所等不适宜未成年人活动的场所不得招用已满十六周岁的未成年人。

10. 密切接触未成年人的单位招聘工作人员时有哪些特殊要求？

密切接触未成年人的单位，是指学校、幼儿园等教育机构；校外培训机构；未成年人救助保护机构、儿童福利机构等未成年人安置、救助机构；婴幼儿照护服务机构、早期教育服务机构；校外托管、临时看护机构；家政服务机构；为未成年人提供医疗服务的医疗机构；其他对未成年人负有教育、培训、监护、救助、看护、医疗等职责的企业事业单位、社会组织等。《未成年人保护法》第六十二条特别规定了密切接触未成年人的单位招聘工作人员时的要求，即应当向公安机关、人民检察院查询应聘者是否具有性侵害、虐待、拐卖、暴力伤害等违法犯罪记录；发现其具有前述行为记录的，不得录用。如此规定，有助于预防"身边的大人"给未成年人带来伤害。

11. 哪些情形下可以开拆、查阅未成年人的信件？

根据《未成年人保护法》第六十三条第一款的规定，任何组织或者个人不得隐匿、毁弃、非法删除未成年人的信件、日记、电子邮件或者其他网络通讯内容。这是对未成年人隐私的保护。但是实践中，在一些特殊情形下，未成年人的信件、日记、电子邮件或者其他网络通讯内容是可以被开拆和查阅的，这些情形主要包括以下几类：(1)无民事行为能力未成年人的父母或者其他监护人代未成年人开拆、查阅；(2)因国家安全或者追查刑事犯罪依法进行检查；(3)紧急情况下为了保护未成年人本人的人身安全。

第五章　网络保护

1. 为什么要加强未成年人的网络素养宣传教育？

网络环境复杂多变，未成年人因身心发育尚不成熟，缺乏选择和自控能力，辨别能力较弱，培养未成年人网络素养、提高其安全合理使用网络的意识和能力具有非常重要的意义。根据《未成年人保护法》第六十四条的规定，国家、社会、学校和家庭负有加强未成年人网络素养宣传教育的义务。《未成年人网络保护条例》第十三条规定，国务院教育部门应当将网络素养教育纳入学校素质教育内容，并会同国家网信部门制定未成年人网络素养测评指标。教育部门应当指导、支持学校开展未成年人网络素养教育，围绕网络道德意识形成、网络法治观念培养、网络使用能力建设、人身财产安全保护等，培育未成年人网络安全意识、文明素养、行为习惯和防护技能。首先，加强未成年人的网络素养宣传教育，有利于增强未成年人科学、文明、安全、合理使用网络的意识和能力。其次，加强未成年人网络素养宣传教育，有利于未成年人提高辨别、应对网络风险的意识和能力，正确应对信息安全、网络沉迷、网络欺凌等网络风险，保障其在网络空间的合法权益。

2. 网信部门在未成年人网络保护中有哪些职责？

网络保护是 2020 年《未成年人保护法》修订新增设的专章。《未成年人保护法》在网络保护这一章中特别用三条规定明确了网信部门的责任。根据《未成年人保护法》的规定，网信部门在未成年人网络保护中的职责如下：（1）保障网络环境的健康。网信部门应当加强对未成年人网络保护工作的监督检查，依法惩处利用网络从事危害未成年人身心健康的活动，为未成年人提供安全、健康的网络环境。（2）确定可能影响未成年人身心健康网络信息的种类、范围和判断标准。网信部门要会同公安、文化和旅游、新闻出版、电影、广播电视等部门根据保护不同年龄阶段未成年人的需要，确定可能影响未成年人身心健康网络信息的种类、范围和判断标准。此外，新闻出版、教育、卫生健康、文化和旅游、网信等部门应当定期开展预防未成年人沉迷网络的宣传教育，监督网络产品和服务提供者履行预防未成年人沉迷网络的义务，指导家庭、学校、社会组织互相配合，采取科学、合理的方式对未成年人沉迷网络进行预防和干预。

3. 手机要安装未成年人网络保护软件吗？

根据《未成年人保护法》第六十九条的规定，学校、社区、图书馆、文化馆、青少年宫等场所为未成年人提供的互联网上网服务设施，应当安装未成年人网络保护软件或者采取其他安全保护技术措施。根据《未成年人网络保护条例》第十九条的规定，智能终端产品制造者应当在产品出厂前安装未成年人网络保护软件，或者采用显著方式告知用户安装渠道和方法。智能终端产品销售者在产品销售前应当采用显著方式告知用户安装未成年人网络保护软件的情况以及安装渠道和方法。未成年人的监护人应当合理使用并指导未成年人使用网络保护软件、智能终端产品等，创造良好的网络使用家庭环境。手机作为最为典型的智能终端产品，其制造者和消费者应当为其安装未成年人网络保护软件，或者用显著方式告知购买者安装。

4. 信息处理者处理未成年人个人信息时应遵循什么原则？

信息处理者通过网络处理未成年人个人信息的，应当遵循合法、正当和必要的原则。所谓合法原则，是指在收集、存储、加工、使用、提供、公开未成年人个人信息时，信息处理者应当严格遵守法律法规的规定，不得违法处理未成年人个人信息。所谓正当原则，是指信息处理者处理未成年人个人信息的行为必须符合正当的目的，其不能超出特定的目的或者为了实现不正当的目的而去收集未成年人个人信息。所谓必要原则，是指信息处理者在处理未成年人个人信息时，只能处理那些以满足其目的之必要为限度的个人信息，不能超出这个限度去处理与其目的无关的未成年人个人信息。

5. 处理未成年人个人信息要征得其父母或者其他监护人同意吗?

根据《未成年人保护法》的规定，在处理未成年人个人信息时，若该未成年人不满十四周岁，信息处理者应当征得未成年人的父母或者其他监护人同意，但法律、行政法规另有规定的除外。《未成年人保护法》之所以要求处理不满十四周岁未成年人个人信息时要征求其父母或者监护人同意，是因为十四周岁以下未成年人的身心发育尚不成熟，其人生观、价值观、世界观等思想体系也正在形成之中，自我保护意识和能力较弱，个人信息一旦遭到不法者利用，可能导致极为严重的后果，因此，立法对未成年人个人信息给予特殊保护。十四周岁至十八周岁的未成年人虽然在认知能力和行为能力上与成年人存在一定差距，但是其生理和心理已趋于成熟，因此法律对十四周岁以上的未成年人的个人信息处理未作特殊规定。

6. 未成年人能用他人的账号玩游戏吗?

未成年人不能用他人的账号玩游戏，其应当用真实信息注册并登录网络游戏。为了避免未成年人无限制地沉迷游戏，影响身心健康，《未成年人保护法》第七十五条第二款、第三款特别规定，国家建立统一的未成年人网络游戏电子身份认证系统。网络游戏服务提供者应当要求未成年人以真实身份信息注册并登录网络游戏。网络游戏服务提供者应当按照国家有关规定和标准，对游戏产品进行分类，作出适龄提示，并采取技术措施，不得让未成年人接触不适宜的游戏或者游戏功能。《未成年人网络保护条例》第四十六条规定，网络游戏服务提供者应当通过统一的未成年人网络游戏电子身份认证系统等必要手段验证未成年人用户真实身份信息。网络产品和服务提供者不得为未成年人提供游戏账号租售服务。

7. 未成年人可以开展网络直播活动吗？

未满十六周岁的未成年人不能开展网络直播活动，已满十六周岁的未成年人可以开展网络直播活动，但要征得其父母或其他监护人的同意。有些网络直播内容不适宜未成年人，易导致未成年人模仿和网络沉迷，其负面影响已经超越了网络游戏。因此，《未成年人保护法》特地将网络直播纳入网络保护的规定中予以监管。《未成年人网络保护条例》第三十一条规定，网络服务提供者为未成年人提供信息发布、即时通讯等服务的，应当依法要求未成年人或者其监护人提供未成年人真实身份信息。未成年人或者其监护人不提供未成年人真实身份信息的，网络服务提供者不得为未成年人提供相关服务。网络直播服务提供者应当建立网络直播发布者真实身份信息动态核验机制，不得向不符合法律规定情形的未成年人用户提供网络直播发布服务。

8. 网络服务提供者发现用户发布影响未成年人身心健康的信息时应该怎么处理？

根据《未成年人保护法》第八十条的规定，网络服务提供者发现用户发布、传播可能影响未成年人身心健康的信息且未作显著提示的，应当作出提示或者通知用户予以提示；未作出提示的，不得传输相关信息。

根据《未成年人网络保护条例》第二十九条的规定，网络产品和服务提供者发现用户发布、传播含有危害未成年人身心健康内容的信息的，应当立即停止传输相关信息，采取删除、屏蔽、断开链接等处置措施，防止信息扩散，保存有关记录，向网信、公安等部门报告，并对制作、复制、发布、传播上述信息的用户采取警示、限制功能、暂停服务、关闭账号等处置措施。

9. 国家建立统一的未成年人网络游戏电子身份认证系统有什么重要意义？

《未成年人保护法》第七十五条第二款规定，国家建立统一的未成年人网络游戏电子身份认证系统。《未成年人网络保护条例》第四十六条规定，网络游戏服务提供者应当通过统一的未成年人网络游戏电子身份认证系统等必要手段验证未成年人用户真实身份信息。网络产品和服务提供者不得为未成年人提供游戏账号租售服务。该系统的建立，有助于将未成年人的网络游戏时间统一纳入管理,从而防止未成年人在玩网络游戏时钻各个游戏平台的空子,预防未成年人沉迷网络游戏。此外,由国家建立统一的未成年人网络游戏电子身份认证系统,有助于更好地平衡未成年人身份确认与隐私权保护两者之间的关系。

10. 在防治未成年人网络游戏沉迷中,政府、游戏提供者和学校都需要履行哪些职责?

未成年人沉迷网络游戏,会对未成年人身心健康和正常学习生活造成不良影响。因此,《未成年人保护法》和《未成年人网络保护条例》在防治未成年人网络游戏沉迷方面,特别明确了政府、游戏提供者和学校需要履行的职责。

首先,新闻出版、教育、卫生健康、文化和旅游、广播电视、网信等部门应当定期开展预防未成年人沉迷网络的宣传教育,监督检查网络产品和服务提供者履行预防未成年人沉迷网络义务的情况,指导家庭、学校、社会组织互相配合,采取科学、合理的方式对未成年人沉迷网络进行预防和干预。国家新闻出版部门牵头组织开展未成年人沉迷网络游戏防治工作,会同有关部门制定关于向未成年人提供网络游戏服务的时段、时长、消费上限等管理规定。卫生健康、教育等部门依据各自职责指导有关医疗卫生机构、高等学校等,开展未成年人沉迷网络所致精神障碍和心理行为问题的基础研究和筛查评估、诊断、预防、干预等应用研究。

其次，网络游戏服务提供者应当通过统一的未成年人网络游戏电子身份认证系统等必要手段验证未成年人用户真实身份信息。网络游戏服务提供者应当建立、完善预防未成年人沉迷网络的游戏规则，避免未成年人接触可能影响其身心健康的游戏内容或者游戏功能。网络游戏服务提供者应当落实适龄提示要求，根据不同年龄阶段未成年人身心发展特点和认知能力，通过评估游戏产品的类型、内容与功能等要素，对游戏产品进行分类，明确游戏产品适合的未成年人用户年龄阶段，并在用户下载、注册、登录界面等位置予以显著提示。

最后，学校应当加强对教师的指导和培训，提高教师对未成年学生沉迷网络的早期识别和干预能力。对于有沉迷网络倾向的未成年学生，学校应当及时告知其监护人，共同对未成年学生进行教育和引导，帮助其恢复正常的学习生活。

第六章 政府保护

1. 政府机构应当指定专门人员负责承担未成年人保护工作吗？

根据《未成年人保护法》第八十一条的规定，县级以上人民政府承担未成年人保护协调机制具体工作的职能部门应当明确相关内设机构或者专门人员，负责承担未成年人保护工作。乡镇人民政府和街道办事处应当设立未成年人保护工作站或者指定专门人员，及时办理未成年人相关事务；支持、指导居民委员会、村民委员会设立专人专岗，做好未成年人保护工作。

2. 在残疾未成年人接受教育方面，政府有哪些职责？

根据《未成年人保护法》第八十六条的规定，各级人民政府应当保障具有接受普通教育能力、能适应校园生活的残疾未成年人就近在普通学校、幼儿园接受教育；保障不具有接受普通教育能力的残疾未成年人在特殊教育学校、幼儿园接受学前教育、义务教育和职业教育。各级人民政府应当保障特殊教育学校、幼儿园的办学、办园条件，鼓励和支持社会力量举办特殊教育学校、幼儿园。

3. 哪些情形下民政部门应当依法对未成年人进行临时监护？

根据《未成年人保护法》第九十二条的规定，下列情形下，民政部门应当依法对未成年人进行临时监护：(1) 未成年人流浪乞讨或者身份不明，暂时查找不到父母或者其他监护人；(2) 监护人下落不明且无其他人可以担任监护人；(3) 监护人因自身客观原因或者因发生自然灾害、事故灾难、公共卫生事件等突发事件不能履行监护职责，导致未成年人监护缺失；(4) 监护人拒绝或者怠于履行监护职责，导致未成年人处于无人照料的状态；(5) 监护人教唆、利用未成年人实施违法犯罪行为，未成年人需要被带离安置；(6) 未成年人遭受监护人严重伤害或者面临人身安全威胁，需要被紧急安置；(7) 法律规定的其他情形。

4. 哪些情形下民政部门应当依法对未成年人进行长期监护？

根据《未成年人保护法》第九十四条的规定，下列情形下，民政部门应当依法对未成年人进行长期监护：(1) 查找不到未成年人的父母或者其他监护人；(2) 监护人死亡或者被宣告死亡且无其他人可以担任监护人；(3) 监护人丧失监护能力且无其他人可以担任监护人；(4) 人民法院判决撤销监护人资格并指定由民政部门担任监护人；(5) 法律规定的其他情形。

5. 政府应当开通未成年人保护热线吗?

根据《未成年人保护法》第九十七条的规定,县级以上人民政府应当开通全国统一的未成年人保护热线,及时受理、转介侵犯未成年人合法权益的投诉、举报;鼓励和支持人民团体、企业事业单位、社会组织参与建设未成年人保护服务平台、服务热线、服务站点,提供未成年人保护方面的咨询、帮助。

第七章　司法保护

1. 为什么要对违法犯罪的未成年人给予司法保护？

未成年人违法犯罪，给国家、集体、个人造成财产损失、人身损害，扰乱了社会秩序。司法机关给予违法犯罪的未成年人司法保护，主要是出于以下两个方面的考虑：

首先，未成年人身心发育尚未成熟，辨别是非的能力较差，在各种消极因素的影响下，容易走上犯罪的道路。他们与那些有组织、有预谋地进行犯罪活动，仇视社会，屡教不改的成年犯罪分子有本质区别，通常是受人教唆、指使才进行犯罪的，其犯罪的主观恶性相对较小，在接受教育改造时的可塑性较强。在法律许可的条件下，对未成年人不予处罚或从轻、减轻处罚，有利于调动他们改过自新、重新做人的积极性。如果处罚过重，会使他们失去希望，自暴自弃，进而对抗改造，使针对他们开展的教育改造工作无从下手。

其次，未成年人处在由幼稚走向成熟的生长发育期，在社会经验、阅历、理解能力、表达能力等方面与成年人存在较大的差别，没有足够的能力来判断自己行为的善恶、预见自己行为的后果,他们的违法犯罪行为往往是激情所致。在未成年人违法犯罪案件中,"一失足成千古恨"的情况很常见。未成年人的身心特点决定了公检法等机关办理未成年人刑事案件时,在程序上应当与办理成年人刑事案件有所区别。无视这些区别,对未成年人刑事案件适用与成年人刑事案件完全相同的程序,让他们的诉讼权利和诉讼义务与成年被告人没有丝毫差别,是不利于保护未成年人的合法权益的。因此,为了维护未成年人的人格尊严,保证诉讼程序的公正性,我国《刑事诉讼法》《预防未成年人犯罪法》等法律法规,规定了一些适应未成年人身心特点的诉讼权利、审理方法,从程序上维护了未成年人的合法权益。

2. 法律援助机构如何保障未成年人的合法权益?

对需要法律援助或者司法救助的未成年人,法律援助机构或者公安机关、人民检察院、人民法院和司法行政部门应当给予帮助,依法为其提供法律援助或者司法救助。法律援助机构应当指派熟悉未成年人身心特点的律师为未成年人提供法律援助服务。法律援助机构和律师协会应当对办理未成年人法律援助案件的律师进行指导和培训。

3. 公检法机关在办理涉及未成年人犯罪案件时应遵循哪些原则?

公检法机关在办理涉及未成年人犯罪案件时应当遵循如下原则：

（1）专人办理原则。公安机关、人民检察院、人民法院和司法行政部门应当确定专门机构或者指定专门人员，负责办理涉及未成年人案件。办理涉及未成年人案件的人员应当经过专门培训，熟悉未成年人身心特点。专门机构或者专门人员中，应当有女性工作人员。（2）听取未成年人的意见原则。公安机关、人民检察院、人民法院和司法行政部门办理涉及未成年人案件，应当考虑未成年人身心特点和健康成长的需要，使用未成年人能够理解的语言和表达方式，听取未成年人的意见。（3）不公开原则。公安机关、人民检察院、人民法院、司法行政部门以及其他组织和个人不得披露有关案件中未成年人的姓名、影像、住所、就读学校以及其他可能识别出其身份的信息，但查找失踪、被拐卖未成年人等情形除外。（4）询问时保护未成年人权益原则。公安机关、人民检察院、人民法院讯问未成年犯罪嫌疑人、被告人，询问未成年被害人、证人，应当依法通知其法定代理人或者其成年亲属、所在学校的代表等合适成年人到场，并采取适当方式，在适当场所进行，保障未成年人的名誉权、隐私权和其他合法权益。（5）不公开出庭作证原则。人民法院开庭审理涉及未成年人案件，未成年被害人、证人一般不出庭作证；必须出庭的，应当采取保护其隐私的技术手段和心理干预等保护措施。

第八章　预防犯罪

1. 未成年人沉迷网络属于不良行为吗？

不良行为是指违背未成年人身心健康，违背未成年人良好品行，违背社会公德，容易引发未成年人违法犯罪，但还未达到违法犯罪标准的行为。不良行为是引发未成年人违法犯罪的重要原因。有不良行为的未成年人如果得不到及时的教育和纠正，其行为很容易逐步发展，越来越恶劣，最终导致未成年人步入违法犯罪的深渊。

近年来，网络逐步普及。网络在满足未成年人休闲娱乐需要、丰富其精神文化生活的同时，也引发了一些值得社会高度关注的问题，特别是未成年人沉迷网络游戏、过度消费等，这些问题对未成年人身心健康和正常学习生活造成不良影响，导致未成年人走上不法道路。《预防未成年人犯罪法》将沉迷网络纳入不良行为的范畴，有助于在社会上树立有效遏制未成年人沉迷网络游戏、过度消费等行为的意识，从而保护未成年人身心健康成长。

2. 学校如何应对有不良行为的未成年人？

学校是未成年人从家庭走向社会，顺利实现社会化的重要环节。学校阶段是未成年人身体成长、情绪反应强烈、精力充沛的时期，其物质需求日益增长的同时，精神需求增长更快。因此，学校的教育功能完整、全面地发挥既是未成年人社会化顺利实现的根本保障，也是防止未成年人走上违法犯罪道路的有效防线。根据《预防未成年人犯罪法》第三十一条的规定，学校对有不良行为的未成年学生，应当加强管理教育，不得歧视；对拒不改正或者情节严重的，学校可以根据情况予以处分或者采取以下管理教育措施：（1）予以训导；（2）要求遵守特定的行为规范；（3）要求参加特定的专题教育；（4）要求参加校内服务活动；（5）要求接受社会工作者或者其他专业人员的心理辅导和行为干预；（6）其他适当的管理教育措施。

未成年人不良行为的产生有些是基于家庭原因，有些是因为学校的教育不当，不论起因如何，学校都有责任加强预防未成年人违法犯罪的教育工作。具体而言，学校和家庭应当加强沟通，建立家校合作机制。学校决定对未成年学生采取管理教育措施的，应当及时告知其父母或者其他监护人；未成年学生的父母或者其他监护人应当支持、配合学校进行管理教育。

3. 未成年人离家出走的，应该怎么办？

根据《预防未成年人犯罪法》的规定，未成年人无故夜不归宿、离家出走的，父母或者其他监护人、所在的寄宿制学校应当及时查找，必要时向公安机关报告。收留夜不归宿、离家出走未成年人的，应当及时联系其父母或者其他监护人、所在学校；无法取得联系的，应当及时向公安机关报告。对夜不归宿、离家出走或者流落街头的未成年人，公安机关、公共场所管理机构等发现或者接到报告后，应当及时采取有效保护措施，并通知其父母或者其他监护人、所在的寄宿制学校，必要时应当护送其返回住所、学校；无法与其父母或者其他监护人、学校取得联系的，应当护送未成年人到救助保护机构接受救助。

4. 未成年人哪些行为属于严重不良行为？

严重不良行为属于严重危害社会的违法行为。《预防未成年人犯罪法》根据现行《治安管理处罚法》和《刑法》的有关规定以及未成年人严重危害社会的行为，对严重不良行为进行了重新界定和列举，以便实践中能准确识别并采取有针对性的矫治措施。

所谓未成年人严重不良行为，是指未成年人实施的有刑法规定、因不满法定刑事责任年龄不予刑事处罚的行为，以及严重危害社会的下列行为：（1）结伙斗殴，追逐、拦截他人，强拿硬要或者任意损毁、占用公私财物等寻衅滋事行为;(2)非法携带枪支、弹药或者弩、匕首等国家规定的管制器具;(3)殴打、辱骂、恐吓,或者故意伤害他人身体;(4)盗窃、哄抢、抢夺或者故意损毁公私财物;(5)传播淫秽的读物、音像制品或者信息等;(6)卖淫、嫖娼,或者进行淫秽表演;(7)吸食、注射毒品,或者向他人提供毒品;(8)参与赌博赌资较大;(9)其他严重危害社会的行为。所谓"不满法定刑事责任年龄不予刑事处罚",主要是指由于未成年人年龄较小,没有达到《刑法》规定的应当承担刑事责任的年龄,不对其予以刑事处罚。

5. 针对存在严重不良行为的未成年人,公安机关可以采取哪些矫治教育措施?

根据《预防未成年人犯罪法》第四十一条的规定,对有严重不良行为的未成年人,公安机关可以根据具体情况,采取以下矫治教育措施:(1)予以训诫;(2)责令赔礼道歉、赔偿损失;(3)责令具结悔过;(4)责令定期报告活动情况;(5)责令遵守特定的行为规范,不得实施特定行为、接触特定人员或者进入特定场所;(6)责令接受心理辅导、行为矫治;(7)责令参加社会服务活动;(8)责令接受社会观护,由社会组织、有关机构在适当场所对未成年人进行教育、监督和管束;(9)其他适当的矫治教育措施。

6. 专门学校如何开展未成年学生专门教育？

为解决因年龄原因对未成年人严重不良行为不予相应的治安管理处罚，同时又缺乏跟进的矫治措施，导致很多未成年人一犯再犯直至走上犯罪道路的问题，《预防未成年人犯罪法》在充分吸收国内外有效经验的基础上，规定了公安机关可以采取的八项过渡性矫治教育措施；对于实施严重不良行为，情节恶劣或者拒不配合、接受矫治教育措施的未成年人，教育行政部门会同公安机关可以决定将其送入专门学校接受专门教育。

专门教育是国民教育体系的组成部分，是对有严重不良行为的未成年人进行教育和矫治的重要保护处分措施。专门矫治教育场所实行闭环管理，公安机关、司法行政部门负责未成年人的矫治工作，教育行政部门承担未成年人的教育工作。专门学校是开展专门教育的场所，其应该开展如下工作：

（1）评估和建议。专门学校应当在每个学期适时提请专门教育指导委员会对接受专门教育的未成年学生的情况进行评估。对经评估适合转回普通学校就读的，专门教育指导委员会应当向原决定机关提出书面建议，由原决定机关决定是否将未成年学生转回普通学校就读。原决定机关决定将未成年学生转回普通学校的，其原所在学校不得拒绝接收；因特殊情况，不适宜转回原所在学校的，由教育行政部门安排转学。

（2）分级分类教育和矫治。专门学校应当对接受专门教育的未成年人分级分类进行教育和矫治，有针对性地开展道德教育、法治教育、心理健康教育，并根据实际情况进行职业教育；对没有完成义务教育的未成年人，应当保证其继续接受义务教育。专门学校的未成年学生的学籍保留在原学校，符合毕业条件的，原学校应当颁发毕业证书。

（3）沟通和反馈。专门学校应当与接受专门教育的未成年人的父母或者其他监护人加强联系，定期向其反馈未成年人的矫治和教育情况，为父母或者其他监护人、亲属等看望未成年人提供便利。

7. 没有监护人的刑满释放的未成年人由谁监护？

根据《预防未成年人犯罪法》第五十六条的规定，对刑满释放的未成年人，未成年犯管教所应当提前通知其父母或者其他监护人按时接回，并协助落实安置帮教措施。没有父母或者其他监护人、无法查明其父母或者其他监护人的，未成年犯管教所应当提前通知未成年人原户籍所在地或者居住地的司法行政部门安排人员按时接回，由民政部门或者居民委员会、村民委员会依法对其进行监护。

第三篇
案例释法

1. 法院办理涉及未成年人抚养权的离婚案件时要听取未成年人的意见吗?

▶ 案情回放

杨某与石某在大学期间坠入爱河,大学毕业后在家人和朋友的见证与祝福下二人结为连理。婚后,石某顺利生下了小杨。为了更好地照顾小杨,石某辞职成为全职妈妈。石某全职照顾小杨,多年来其精力全部倾注于家庭日常和小杨的培训辅导,导致其认知边界没有进一步拓展。杨某毕业后在公司努力奋斗,职业发展一帆风顺。2021年,经过多年的职业沉淀,杨某已成为公司中层领导。此时,杨某和石某二人因认知不同嫌隙越来越大,杨某觉得石某每天唠叨生活琐事,不再是当初在学校时思想开明的知识女性了。而石某则抱怨杨某不理解自己为家庭的付出。二人的感情陷入危机。2022年10月8日,在庆祝小杨8周岁生日的晚宴上,杨某和石某又发生争吵,这一天,二人都宣泄了自己的不满和绝望,并提出离婚。杨某和石某都表示可以什么都不要,只要小杨的抚养权。杨某最后气愤地抛下一句:"就算打官司,法官也会将小杨判给我。咱们法院见!"小杨在成长过程中是由石某带大的,她想跟随母亲一起生活。她想知道:若父母真闹到法院,法官在判决时会听取自己的想法吗?

法律解析

若杨某和石某到法院起诉离婚，法官在判决时会听取小杨的意见。我国《未成年人保护法》第二十四条第一款规定，未成年人的父母离婚时，应当妥善处理未成年子女的抚养、教育、探望、财产等事宜，听取有表达意愿能力未成年人的意见。不得以抢夺、藏匿未成年子女等方式争夺抚养权。第一百零七条第二款规定，人民法院审理离婚案件，涉及未成年子女抚养问题的，应当尊重已满8周岁未成年子女的真实意愿，根据双方具体情况，按照最有利于未成年子女的原则依法处理。同时，我国《民法典》第一千零八十四条第三款规定，离婚后，不满2周岁的子女，以由母亲直接抚养为原则。已满2周岁的子女，父母双方对抚养问题协议不成的，由人民法院根据双方的具体情况，按照最有利于未成年子女的原则判决。子女已满8周岁的，应当尊重其真实意愿。本案中，小杨已满8周岁，有表达意愿的能力，法官在判定其父母离婚后小杨的抚养权归属时应当听取小杨的意见，并尊重其真实意愿。

法律链接

《未成年人保护法》第24条、第107条；《民法典》第1084条

2. 父母发现未成年人身心健康受到侵害，能报警吗？

案情回放

周某是某市中学教师，小敏是其班上的学生，今年16周岁，

上高一。因为小敏成绩很好，又出落得亭亭玉立，所以周某对小敏产生了超越师生的情愫。周某利用教学之便，让班上学生到其家中补课，趁机寻找与小敏单独相处的机会。因小敏家所在的小区与周某家的小区相邻，并且班上别的同学多数是自己到老师家上课，小敏的父母也让其自己到老师家上课。某天晚上补课时，周某强行与小敏发生了性关系，并且让小敏不要说出去，自己会一直守护她。从这天开始，小敏总是闷闷不乐、魂不守舍的，但她的父母也问不出个所以然来。父母发现小敏不对劲后，与周某沟通，周某以小敏月考考得不好影响其状态为由搪塞过去。但小敏的父母知道自己的女儿不是那种轻易向困难屈服的孩子，而且在补课之前小敏的状态都很好。小敏的父母感觉小敏的状态可能与补课有关。某天，又到补课时间，小敏的母亲暗中跟随小敏，并在周某家门外的隐秘地方守着，想看看小敏补课前和补课后的状态。在等待期间，小敏的母亲在外面听到了小敏的尖叫声。请问：小敏的母亲该怎么办？

法律解析

小敏的母亲应当立即报警。根据《未成年人保护法》第二十条的规定，未成年人的父母或者其他监护人发现未成年人身心健康受到侵害、疑似受到侵害或者其他合法权益受到侵犯的，应当及时了解情况并采取保护措施；情况严重的，应当立即向公安、民政、教育等部门报告。本案中，小敏的母亲从小敏的不正常举止中察觉到其可能受到了侵犯，此次"探案"印证了自己的想法，在听到小敏的尖叫声后,应当能判断小敏的身心受到了侵害,情况紧急,其应当立即报警。

法律链接

《未成年人保护法》第 20 条

3. 幼儿园老师用针扎幼儿是违法行为吗?

案情回放

小牛今年 5 岁,就读于当地某著名幼儿园。某天晚上,母亲周某给小牛洗澡时,发现小牛的胳膊上有几个分布不均匀的结痂针孔。周某仔细想了想,近期小牛也没有接种疫苗,便问小牛是怎么回事。小牛支支吾吾地也没说出个所以然来。周某感觉不对劲,立刻联系小牛所在班级的其他家长问有没有相同的情况。在别的家长对孩子的追问下,周某最后得知针孔是幼儿园老师为了让孩子们安静下来用针扎的。周某想知道:幼儿园的老师能用针扎幼儿吗?

法律解析

幼儿园老师用针扎幼儿不仅是违法行为,还可能构成犯罪。幼儿是祖国的未来,是需要特殊保护的群体,其合法权益不容侵犯。根据《未成年人保护法》第二十七条的规定,学校、幼儿园的教职员工应当尊重未成年人人格尊严,不得对未成年人实施体罚、变相体罚或者其他侮辱人格尊严的行为。身为幼儿教师，本应对其看护的幼儿进行看管、照料、保护、教育，小牛的幼儿园老师却违背职业道德和看护职责要求，用针对多名幼儿进行伤害，其行为严重损害了未成年人的身心健康，不仅违反了《未成年人保护法》的规定，还可能构成虐待被看护人罪。

法律链接

《未成年人保护法》第27条;《刑法》第二百六十条之一

4. 培训机构能解聘有性侵行为的老师吗？

案情回放

王某原是某市小学教师，其因在学校性侵儿童被多名家长举报，后被检察机关起诉，被法院判处有期徒刑3年。2019年1月，王某刑满释放。出狱后，经过改造的王某想到自己的初心就是当一名老师，培养和教育学生，便去培训机构应聘。2019年3月，王某顺利应聘到一家小型培训机构。2020年10月，该培训机构接到家长匿名举报：王某曾在某小学性侵儿童，有犯罪记录。请问：培训机构能解聘王某吗？

法律解析

培训机构可以而且应当解聘王某。根据《未成年人保护法》第六十二条第二款的规定，密切接触未成年人的单位应当每年定期对工作人员是否具有性侵害、虐待、拐卖、暴力伤害等违法犯罪记录进行查询。通过查询或者其他方式发现其工作人员具有前述行为的，应当及时解聘。该培训机构在接到家长举报后，应当向公安机关、人民检察院查询王某是否具有性侵的违法犯罪记录，如经核实，应当及时解聘王某。

法律链接

《未成年人保护法》第 62 条

5. 网络平台接到受害人有关网络欺凌的投诉后应该怎么办？

案情回放

小欣与小丽是同班同学，二人都是某小学六年级的学生。二人成绩在班级都名列前茅。小欣父母在外地打工甚少回家，每次回老家都会到学校向班主任了解小欣的学习情况，并嘱托老师严格要求小欣。2020 年 3 月，在小升初的关口，该班级有一个保送名额可以直接升入市重点初中，该班级班主任综合评估小欣和小丽的综合素质后，让各任课老师推荐，最后小欣以全票获得保送资格。小欣被保送激怒了小丽。小丽组建了包括小欣在内的微信群，群里都是班级中一些比较活跃的同学。小丽和群友们专门在群里诋毁小欣，攻击、指责小欣是因其父母向老师行贿才获得保送资格的。小欣在班级被同学们冷落与议论，痛苦不堪。五一假期，小欣的父亲到学校找班主任了解小欣的学习情况时，小丽偷拍二人照片，并将该照片发到微信朋友圈和微博，公开指责小欣的父亲行贿班主任，并放上故意丑化小欣的照片。该事件迅速上了微博热搜，引起社会哗然。班主任老师知晓后立即联系了小欣的父亲。请问：小欣的父亲能要求微博和微信平台删除小丽发送的信息吗？

法律解析

本案中，小欣的父母作为其监护人，有权通知网络服务提供者——微博和微信平台采取删除、屏蔽、断开链接等措施。微博和微信平台在接到小欣父亲要求删除的通知后，应当及时采取必要的措施制止网络欺凌行为，防止信息扩散。信息技术与移动通信技术的进步导致网络欺凌频发，而未成年人是网络欺凌的主要受害者。网络欺凌是现实生活中的关系欺凌和言语欺凌在网络世界的延伸。这严重影响了遭受欺凌的未成年人的身心健康，更有甚者会导致被欺凌的未成年人产生沮丧、抑郁等心理疾病，影响其健康成长。

为了严厉打击网络欺凌，保护未成年人的网络权益，《未成年人保护法》和《未成年人网络保护条例》对网络欺凌进行了有力回击。《未成年人保护法》第七十七条和《未成年人网络保护条例》第二十六条规定，任何组织或者个人不得通过网络以文字、图片、音视频等形式，对未成年人实施侮辱、诽谤、威胁或者恶意损害形象等网络欺凌行为。遭受网络欺凌的未成年人及其父母或者其他监护人有权通知网络服务提供者采取删除、屏蔽、断开链接等措施。网络服务提供者接到通知后，应当及时采取必要的措施制止网络欺凌行为，防止信息扩散。

最新《未成年人保护法》《预防未成年人犯罪法》100问

法律链接

《未成年人保护法》第 77 条；《未成年人网络保护条例》第 26 条

6. 监护人的资格能被撤销吗？

案情回放

小王的父母是开服装店的个体户，这几年做生意攒下了不少钱。一次，他们在去进货的路上不幸发生车祸，双双身亡，小王成了孤儿。父母死后给小王留下了 10 万余元的遗产。在小王的亲属中只有他的舅舅还是单身，比较适合抚养小王，而且他的舅舅也愿意做小王的监护人，于是有关部门就指定小王的舅舅作为他的监护人。小王还有一个姑姑在另一个城市读博士，两年后毕业回到家乡工作。姑姑发现小王的舅舅把小王父母留给他的 10 万余元遗产都拿去做生意了，而且还亏了不少。姑姑非常疼爱小王，她觉得这样下去对小王今后的生活和教育不利，于是向小王的舅舅提出，小王父母留给小王的钱只能用于小王的生活与教育，不能让舅舅挪用做生意。但是小王的舅舅认为他是小王的监护人，对这笔钱的使用有决定权，况且他用这笔钱做生意也是为了让这笔钱升值。小王的姑姑见说服不了小王的舅舅，便提出接替他做小王的监护人，舅舅不同意。双方争执不下，最后闹到法院。请问：法院能撤销小王舅舅对小王的监护权吗？

法律解析

法院可以撤销小王舅舅的监护人资格。《未成年人保护法》第一百零八条规定，未成年人的父母或者其他监护人不依法履行监护职责或者严重侵犯被监护的未成年人合法权益的，人民法院可以根据有关人员或者单位的申请，依法作出人身安全保护令或者撤销监护人资格。

监护人是指具有监护资格和监护能力的人，特殊情况下，居委会、村委会或者民政部门也可成为监护人。从维护被监护人利益的目的出发，《民法典》第二十七条对未成年人的监护人作出了严格规定。未成年人的父母是当然的监护人，不需要办理任何的法律手续。在父母双亡或没有监护能力的情况下，可由下列有监护能力的人员按顺序担任监护人：（1）祖父母、外祖父母；（2）兄、姐；（3）其他愿意担任监护人的个人或者组织，但是须经未成年人住所地的居民委员会、村民委员会或者民政部门同意。法院应从更有利于保护被监护人的立场出发，选定监护人。《民法典》第三十四条规定了监护人的职责，即代理被监护人实施民事法律行为，保护被监护人的人身权利、财产权利以及其他合法权益等。

本案中，小王的舅舅作为监护人未能很好地履行监护职责，小王的姑姑可以向法院申请撤销他的监护人资格。

撤销监护人资格须具备以下要件：（1）经有关个人或者组织申请。这里的有关个人或者组织，是指依法可以担任监护人的个人或组织，如本案中小王的姑姑。（2）监护人怠于履行监护职责或者侵害被监护人的合法权益。（3）向人民法院提出撤销申请，由法院撤销。法院在受理此类案件后，在作出撤销原监护人监护资格的判决时，应同时指定新的监护人。

法律链接

《未成年人保护法》第 108 条；《民法典》第 27 条、第 34 条

7. 如何处理实施刑法规定的行为、因不满法定刑事责任年龄不予刑事处罚的未成年人？

案情回放

小甲今年 13 周岁，上初一。小甲平时不爱学习，与学校爱打架滋事的高年级学生走得很近，尤其是小乙和小丙。春季学期期末考试结束后，三人决定号召平时玩得好的哥们儿举办一个聚会。可是这些人里没有一个是有钱的，所以有人提议去弄些钱花花，之后还有人拿出了一份抢钱的行动计划。小甲本来不想参加这次行动，但想到大家一起行动，感觉很过瘾，而且自己不去就太不讲哥们儿义气了，便参加了。天黑后，小甲跟着小乙、小丙等人来到一条僻静的小巷，蹲守在巷口。当一个跟他们年龄相仿的男孩刚走进巷子时，小甲及其"团伙"扑上去抓住了他，让他把身上所有的钱交出来。男孩说自己没有带现金，小甲便在他身上搜了一遍，果然没有发现现金，只在裤兜里搜出一部手机。男孩想夺回手机，却被其余人围着狠狠地打了一顿。事后，该案件被警方侦破，警察找到了小甲，小甲对自己抢劫的行为供认不讳，并向警方提供了小乙、小丙等同伙的线索。请问：本案中的小甲要

承担刑事责任吗?

法律解析

根据《刑法》第十七条第二款的规定,已满十四周岁不满十六周岁的人,犯故意杀人、故意伤害致人重伤或者死亡、强奸、抢劫、贩卖毒品、放火、爆炸、投放危险物质罪的,应当负刑事责任。本案中,小甲只有 13 周岁,因其不满法定刑事责任年龄而对其抢劫行为不予刑事处罚。但是,《预防未成年人犯罪法》第四十五条规定,未成年人实施刑法规定的行为、因不满法定刑事责任年龄不予刑事处罚的,经专门教育指导委员会评估同意,教育行政部门会同公安机关可以决定对其进行专门矫治教育。专门矫治教育场所实行闭环管理,公安机关、司法行政部门负责未成年人的矫治工作,教育行政部门承担未成年人的教育工作。因此,本案中,小甲的行为经专门教育指导委员会评估同意后,教育行政部门会同公安机关可以决定将小甲送至专门学校进行专门矫治教育。

法律链接

《刑法》第 17 条;《预防未成年人犯罪法》第 45 条

8. 公检法办理未成年人刑事案件时可以委托社会组织对未成年犯罪嫌疑人进行社会调查和心理救助吗？

▷ 案情回放

甲市检察机关在办理张某强奸一对双胞胎姐妹案件时，发现未成年被害人的身心遭受了严重伤害。为有效开展未成年被害人救助保护工作，减轻本案对未成年被害人造成的伤害，在办案过程中，甲市检察机关书面委托该市青少年社工事务所对被害人的成长经历进行社会调查，了解其当前生活状况和迫切需求。在走访过程中，甲市检察机关还联合该市社会工作服务中心组建救助团队，对被害人开展心理救助。针对被害人无学可上的困境，甲市检察机关为姐妹俩联系学校接受义务教育，并联系做好学费减免工作。目前，未成年被害人学习、生活状态良好，已逐步走出了心理阴影，重拾对生活的信心。请问：甲市检察机关可以委托该市青少年社工事务所和社会工作服务中心对被害人进行社会调查和心理救助吗？

○ 法律解析

甲市检察机关可以委托该市青少年社工事务所和社会工作服务中心对被害人进行社会调查和心理救助。根据《预防未成年人犯罪法》第五十一条的规定，公安机关、人民检察院、人民法院办理未成年人刑事案件，可以自行或者委托有关社会组织、机构对未成年犯罪嫌疑人或者被告人的成长经历、犯罪原因、监护、教育等情况进行社会调查；根据实际需要并经未成年犯罪嫌疑人、被告人及其法定代理人同意，可以对未成年犯罪嫌疑人、被告人进行心理测评。社会调查和心理测评的报告可以作为办理案件和教育未成年人的参考。社会调查的目的是全面了解未成年人、监护人的素质、生活经历和所处环境，了解犯罪的成因和条件，选择恰当的处理方案，最大限度保护未成年人。本案中，甲市检察机关委托该市青少年社工事务所和社会工作服务中心这两个专门机构分别对未成年被害人的成长经历进行调查和开展心理救助，有助于检察机关对案件进行详细的调查，为案件的最终裁判提供充分的参考，以最大限度地保护未成年被害人的权益。

法律链接

《预防未成年人犯罪法》第 51 条

9. 在就业方面歧视有不良行为的未成年人会受到什么处罚？

案情回放

武某上高中后在学校总是游手好闲、好吃懒做，父母在外务工，奶奶又管不了他，所以，对他来说，旷课、逃学、打架都是家常便饭。武某上高一这一年正好 15 周岁，其迷恋上了网络游戏，可口袋里的零花钱只够他吃早饭，就算不吃早饭，也不够玩游戏的花销，所以他就动起了歪脑筋。一天，武某趁室友不在宿舍，偷偷拿走室友书包里的钱和手机。自此以后，武某时不时就会去"搜刮"宿舍其他同学的书包。后武某被同学举报，经学校多次训诫后，武某洗心革面，决定重新做人。高二开学后，16周岁的武某碍于面子选择了辍学。辍学后的武某决定好好工作挣钱，报答奶奶的养育之恩。武某顺利应聘上当地某超市收银员职位后，该超市经理在审批劳动合同时发现武某曾与其女儿同校，并且该超市经理知道武某在学校有过不良行为记录。因此，经理没有批准人力部门关于武某的入职申请。请问：超市经理的行为是否违法？

法律解析

超市经理的行为违反了《预防未成年人犯罪法》的规定，其会受到处分。根据《预防未成年人犯罪法》第六十三条的规定，违反本法规定，在复学、升学、就业等方面歧视相关未成年人的，由所在单位或者教育、人力资源社会保障等部门责令改正；拒不改正的，对直接负责的主管人员或者其他直接责任人员依法给予处分。本案中，武某求职时刚16周岁，仍然是未成年人。超市经理拒绝录用武某的行为属于在就业方面歧视未成年人。该单位所在地的人力资源社会保障等部门应该责令该单位改正。

法律链接

《预防未成年人犯罪法》第63条

附 录

中华人民共和国未成年人保护法

（1991年9月4日第七届全国人民代表大会常务委员会第二十一次会议通过 2006年12月29日第十届全国人民代表大会常务委员会第二十五次会议第一次修订 根据2012年10月26日第十一届全国人民代表大会常务委员会第二十九次会议《关于修改〈中华人民共和国未成年人保护法〉的决定》第一次修正 2020年10月17日第十三届全国人民代表大会常务委员会第二十二次会议第二次修订 根据2024年4月26日第十四届全国人民代表大会常务委员会第九次会议《关于修改〈中华人民共和国农业技术推广法〉、〈中华人民共和国未成年人保护法〉、〈中华人民共和国生物安全法〉的决定》第二次修正）

目　　录

第一章　总　　则
第二章　家庭保护
第三章　学校保护
第四章　社会保护
第五章　网络保护
第六章　政府保护
第七章　司法保护

第八章　法律责任

第九章　附　　则

第一章　总　　则

第一条　为了保护未成年人身心健康，保障未成年人合法权益，促进未成年人德智体美劳全面发展，培养有理想、有道德、有文化、有纪律的社会主义建设者和接班人，培养担当民族复兴大任的时代新人，根据宪法，制定本法。

第二条　本法所称未成年人是指未满十八周岁的公民。

第三条　国家保障未成年人的生存权、发展权、受保护权、参与权等权利。

未成年人依法平等地享有各项权利，不因本人及其父母或者其他监护人的民族、种族、性别、户籍、职业、宗教信仰、教育程度、家庭状况、身心健康状况等受到歧视。

第四条　保护未成年人，应当坚持最有利于未成年人的原则。处理涉及未成年人事项，应当符合下列要求：

（一）给予未成年人特殊、优先保护；

（二）尊重未成年人人格尊严；

（三）保护未成年人隐私权和个人信息；

（四）适应未成年人身心健康发展的规律和特点；

（五）听取未成年人的意见；

（六）保护与教育相结合。

第五条　国家、社会、学校和家庭应当对未成年人进行理想教育、道德教育、科学教育、文化教育、法治教育、国家安全教育、健康教育、劳动教育，加强爱国主义、集体主义和中国特色社会主义的教育，培养爱祖国、爱人民、爱劳动、爱科学、爱社会主义的公德，抵制资本主义、封建主义和其他腐朽思想的侵蚀，引导未成年人树立和践行社会主义核心价值观。

第六条 保护未成年人，是国家机关、武装力量、政党、人民团体、企业事业单位、社会组织、城乡基层群众性自治组织、未成年人的监护人以及其他成年人的共同责任。

国家、社会、学校和家庭应当教育和帮助未成年人维护自身合法权益，增强自我保护的意识和能力。

第七条 未成年人的父母或者其他监护人依法对未成年人承担监护职责。

国家采取措施指导、支持、帮助和监督未成年人的父母或者其他监护人履行监护职责。

第八条 县级以上人民政府应当将未成年人保护工作纳入国民经济和社会发展规划，相关经费纳入本级政府预算。

第九条 各级人民政府应当重视和加强未成年人保护工作。县级以上人民政府负责妇女儿童工作的机构，负责未成年人保护工作的组织、协调、指导、督促，有关部门在各自职责范围内做好相关工作。

第十条 共产主义青年团、妇女联合会、工会、残疾人联合会、关心下一代工作委员会、青年联合会、学生联合会、少年先锋队以及其他人民团体、有关社会组织，应当协助各级人民政府及其有关部门、人民检察院、人民法院做好未成年人保护工作，维护未成年人合法权益。

第十一条 任何组织或者个人发现不利于未成年人身心健康或者侵犯未成年人合法权益的情形，都有权劝阻、制止或者向公安、民政、教育等有关部门提出检举、控告。

国家机关、居民委员会、村民委员会、密切接触未成年人的单位及其工作人员，在工作中发现未成年人身心健康受到侵害、疑似受到侵害或者面临其他危险情形的，应当立即向公安、民政、教育等有关部门报告。

有关部门接到涉及未成年人的检举、控告或者报告，应当依法及时受理、处置，并以适当方式将处理结果告知相关单位和人员。

第十二条 国家鼓励和支持未成年人保护方面的科学研究，建设相关学科、设置相关专业，加强人才培养。

第十三条 国家建立健全未成年人统计调查制度，开展未成年人健康、受教育等状况的统计、调查和分析，发布未成年人保护的有关信息。

第十四条 国家对保护未成年人有显著成绩的组织和个人给予表彰和奖励。

第二章 家庭保护

第十五条 未成年人的父母或者其他监护人应当学习家庭教育知识，接受家庭教育指导，创造良好、和睦、文明的家庭环境。

共同生活的其他成年家庭成员应当协助未成年人的父母或者其他监护人抚养、教育和保护未成年人。

第十六条 未成年人的父母或者其他监护人应当履行下列监护职责：

（一）为未成年人提供生活、健康、安全等方面的保障；

（二）关注未成年人的生理、心理状况和情感需求；

（三）教育和引导未成年人遵纪守法、勤俭节约，养成良好的思想品德和行为习惯；

（四）对未成年人进行安全教育，提高未成年人的自我保护意识和能力；

（五）尊重未成年人受教育的权利，保障适龄未成年人依法接受并完成义务教育；

（六）保障未成年人休息、娱乐和体育锻炼的时间，引导未成年人进行有益身心健康的活动；

（七）妥善管理和保护未成年人的财产；

（八）依法代理未成年人实施民事法律行为；

（九）预防和制止未成年人的不良行为和违法犯罪行为，并进行合理管教；

（十）其他应当履行的监护职责。

第十七条 未成年人的父母或者其他监护人不得实施下列行为：

（一）虐待、遗弃、非法送养未成年人或者对未成年人实施家庭暴力；

（二）放任、教唆或者利用未成年人实施违法犯罪行为；

（三）放任、唆使未成年人参与邪教、迷信活动或者接受恐怖主义、分裂主义、极端主义等侵害；

（四）放任、唆使未成年人吸烟（含电子烟，下同）、饮酒、赌博、流浪乞讨或者欺凌他人；

（五）放任或者迫使应当接受义务教育的未成年人失学、辍学；

（六）放任未成年人沉迷网络，接触危害或者可能影响其身心健康的图书、报刊、电影、广播电视节目、音像制品、电子出版物和网络信息等；

（七）放任未成年人进入营业性娱乐场所、酒吧、互联网上网服务营业场所等不适宜未成年人活动的场所；

（八）允许或者迫使未成年人从事国家规定以外的劳动；

（九）允许、迫使未成年人结婚或者为未成年人订立婚约；

（十）违法处分、侵吞未成年人的财产或者利用未成年人牟取不正当利益；

（十一）其他侵犯未成年人身心健康、财产权益或者不依法履行未成年人保护义务的行为。

第十八条 未成年人的父母或者其他监护人应当为未成年人提供安全的家庭生活环境，及时排除引发触电、烫伤、跌落等伤害的安全隐患；采取配备儿童安全座椅、教育未成年人遵守交通规则等措施，防止未成年人受到交通事故的伤害；提高户外安全保护意识，避免未成年人发生溺水、动物伤害等事故。

第十九条 未成年人的父母或者其他监护人应当根据未成年人的年龄和智力发展状况，在作出与未成年人权益有关的决定前，听取未成年人的意见，充分考虑其真实意愿。

第二十条 未成年人的父母或者其他监护人发现未成年人身心健康受到侵害、疑似受到侵害或者其他合法权益受到侵犯的，应当及时了解情况并采取保护措施；情况严重的，应当立即向公安、民政、教育等部门报告。

第二十一条 未成年人的父母或者其他监护人不得使未满八周岁或者由于身体、心理原因需要特别照顾的未成年人处于无人看护状态，或者将其交由无民事行为能力、限制民事行为能力、患有严重传染性疾病或者其他不适宜的人员临时照护。

未成年人的父母或者其他监护人不得使未满十六周岁的未成年人脱离监护单独生活。

第二十二条 未成年人的父母或者其他监护人因外出务工等原因在一定期限内不能完全履行监护职责的，应当委托具有照护能力的完全民事行为能力人代为照护；无正当理由的，不得委托他人代为照护。

未成年人的父母或者其他监护人在确定被委托人时，应当综合考虑其道德品质、家庭状况、身心健康状况、与未成年人生活情感上的联系等情况，并听取有表达意愿能力未成年人的意见。

具有下列情形之一的，不得作为被委托人：

（一）曾实施性侵害、虐待、遗弃、拐卖、暴力伤害等违法犯罪行为；

（二）有吸毒、酗酒、赌博等恶习；

（三）曾拒不履行或者长期怠于履行监护、照护职责；

（四）其他不适宜担任被委托人的情形。

第二十三条 未成年人的父母或者其他监护人应当及时将委托照护情况书面告知未成年人所在学校、幼儿园和实际居住地的居民委员会、村民委员会，加强和未成年人所在学校、幼儿园的沟通；与未成年人、被委托人至少每周联系和交流一次，了解未成年人的生活、学习、心理等情况，并给予未成年人亲情关爱。

未成年人的父母或者其他监护人接到被委托人、居民委员会、村民委员会、学校、幼儿园等关于未成年人心理、行为异常的通知后，应当及时采取干预措施。

第二十四条 未成年人的父母离婚时，应当妥善处理未成年子女的抚养、教育、探望、财产等事宜，听取有表达意愿能力未成年人的意见。不得以抢夺、藏匿未成年子女等方式争夺抚养权。

未成年人的父母离婚后，不直接抚养未成年子女的一方应当依照协议、人民法院判决或者调解确定的时间和方式，在不影响未成年人学习、生活的情况下探望未成年子女，直接抚养的一方应当配合，但被人民法院依法中止探望权的除外。

第三章　学　校　保　护

第二十五条 学校应当全面贯彻国家教育方针，坚持立德树人，实施素质教育，提高教育质量，注重培养未成年学生认知能力、合作能力、创新能力和实践能力，促进未成年学生全面发展。

学校应当建立未成年学生保护工作制度,健全学生行为规范,培养未成年学生遵纪守法的良好行为习惯。

第二十六条 幼儿园应当做好保育、教育工作,遵循幼儿身心发展规律,实施启蒙教育,促进幼儿在体质、智力、品德等方面和谐发展。

第二十七条 学校、幼儿园的教职员工应当尊重未成年人人格尊严,不得对未成年人实施体罚、变相体罚或者其他侮辱人格尊严的行为。

第二十八条 学校应当保障未成年学生受教育的权利,不得违反国家规定开除、变相开除未成年学生。

学校应当对尚未完成义务教育的辍学未成年学生进行登记并劝返复学;劝返无效的,应当及时向教育行政部门书面报告。

第二十九条 学校应当关心、爱护未成年学生,不得因家庭、身体、心理、学习能力等情况歧视学生。对家庭困难、身心有障碍的学生,应当提供关爱;对行为异常、学习有困难的学生,应当耐心帮助。

学校应当配合政府有关部门建立留守未成年学生、困境未成年学生的信息档案,开展关爱帮扶工作。

第三十条 学校应当根据未成年学生身心发展特点,进行社会生活指导、心理健康辅导、青春期教育和生命教育。

第三十一条 学校应当组织未成年学生参加与其年龄相适应的日常生活劳动、生产劳动和服务性劳动,帮助未成年学生掌握必要的劳动知识和技能,养成良好的劳动习惯。

第三十二条　学校、幼儿园应当开展勤俭节约、反对浪费、珍惜粮食、文明饮食等宣传教育活动，帮助未成年人树立浪费可耻、节约为荣的意识，养成文明健康、绿色环保的生活习惯。

第三十三条　学校应当与未成年学生的父母或者其他监护人互相配合，合理安排未成年学生的学习时间，保障其休息、娱乐和体育锻炼的时间。

学校不得占用国家法定节假日、休息日及寒暑假期，组织义务教育阶段的未成年学生集体补课，加重其学习负担。

幼儿园、校外培训机构不得对学龄前未成年人进行小学课程教育。

第三十四条　学校、幼儿园应当提供必要的卫生保健条件，协助卫生健康部门做好在校、在园未成年人的卫生保健工作。

第三十五条　学校、幼儿园应当建立安全管理制度，对未成年人进行安全教育，完善安保设施、配备安保人员，保障未成年人在校、在园期间的人身和财产安全。

学校、幼儿园不得在危及未成年人人身安全、身心健康的校舍和其他设施、场所中进行教育教学活动。

学校、幼儿园安排未成年人参加文化娱乐、社会实践等集体活动，应当保护未成年人的身心健康，防止发生人身伤害事故。

第三十六条　使用校车的学校、幼儿园应当建立健全校车安全管理制度，配备安全管理人员，定期对校车进行安全检查，对校车驾驶人进行安全教育，并向未成年人讲解校车安全乘坐知识，培养未成年人校车安全事故应急处理技能。

第三十七条 学校、幼儿园应当根据需要，制定应对自然灾害、事故灾难、公共卫生事件等突发事件和意外伤害的预案，配备相应设施并定期进行必要的演练。

未成年人在校内、园内或者本校、本园组织的校外、园外活动中发生人身伤害事故的，学校、幼儿园应当立即救护，妥善处理，及时通知未成年人的父母或者其他监护人，并向有关部门报告。

第三十八条 学校、幼儿园不得安排未成年人参加商业性活动，不得向未成年人及其父母或者其他监护人推销或者要求其购买指定的商品和服务。

学校、幼儿园不得与校外培训机构合作为未成年人提供有偿课程辅导。

第三十九条 学校应当建立学生欺凌防控工作制度，对教职员工、学生等开展防治学生欺凌的教育和培训。

学校对学生欺凌行为应当立即制止，通知实施欺凌和被欺凌未成年学生的父母或者其他监护人参与欺凌行为的认定和处理；对相关未成年学生及时给予心理辅导、教育和引导；对相关未成年学生的父母或者其他监护人给予必要的家庭教育指导。

对实施欺凌的未成年学生，学校应当根据欺凌行为的性质和程度，依法加强管教。对严重的欺凌行为，学校不得隐瞒，应当及时向公安机关、教育行政部门报告，并配合相关部门依法处理。

第四十条 学校、幼儿园应当建立预防性侵害、性骚扰未成年人工作制度。对性侵害、性骚扰未成年人等违法犯罪行为，学校、幼儿园不得隐瞒，应当及时向公安机关、教育行政部门报告，并配合相关部门依法处理。

学校、幼儿园应当对未成年人开展适合其年龄的性教育，提高未成年人防范性侵害、性骚扰的自我保护意识和能力。对遭受性侵害、性骚扰的未成年人，学校、幼儿园应当及时采取相关的保护措施。

第四十一条　婴幼儿照护服务机构、早期教育服务机构、校外培训机构、校外托管机构等应当参照本章有关规定，根据不同年龄阶段未成年人的成长特点和规律，做好未成年人保护工作。

第四章　社会保护

第四十二条　全社会应当树立关心、爱护未成年人的良好风尚。

国家鼓励、支持和引导人民团体、企业事业单位、社会组织以及其他组织和个人，开展有利于未成年人健康成长的社会活动和服务。

第四十三条　居民委员会、村民委员会应当设置专人专岗负责未成年人保护工作，协助政府有关部门宣传未成年人保护方面的法律法规，指导、帮助和监督未成年人的父母或者其他监护人依法履行监护职责，建立留守未成年人、困境未成年人的信息档案并给予关爱帮扶。

居民委员会、村民委员会应当协助政府有关部门监督未成年人委托照护情况，发现被委托人缺乏照护能力、怠于履行照护职责等情况，应当及时向政府有关部门报告，并告知未成年人的父母或者其他监护人，帮助、督促被委托人履行照护职责。

第四十四条 爱国主义教育基地、图书馆、青少年宫、儿童活动中心、儿童之家应当对未成年人免费开放；博物馆、纪念馆、科技馆、展览馆、美术馆、文化馆、社区公益性互联网上网服务场所以及影剧院、体育场馆、动物园、植物园、公园等场所，应当按照有关规定对未成年人免费或者优惠开放。

国家鼓励爱国主义教育基地、博物馆、科技馆、美术馆等公共场馆开设未成年人专场，为未成年人提供有针对性的服务。

国家鼓励国家机关、企业事业单位、部队等开发自身教育资源，设立未成年人开放日，为未成年人主题教育、社会实践、职业体验等提供支持。

国家鼓励科研机构和科技类社会组织对未成年人开展科学普及活动。

第四十五条 城市公共交通以及公路、铁路、水路、航空客运等应当按照有关规定对未成年人实施免费或者优惠票价。

第四十六条 国家鼓励大型公共场所、公共交通工具、旅游景区景点等设置母婴室、婴儿护理台以及方便幼儿使用的坐便器、洗手台等卫生设施，为未成年人提供便利。

第四十七条 任何组织或者个人不得违反有关规定，限制未成年人应当享有的照顾或者优惠。

第四十八条 国家鼓励创作、出版、制作和传播有利于未成年人健康成长的图书、报刊、电影、广播电视节目、舞台艺术作品、音像制品、电子出版物和网络信息等。

第四十九条　新闻媒体应当加强未成年人保护方面的宣传，对侵犯未成年人合法权益的行为进行舆论监督。新闻媒体采访报道涉及未成年人事件应当客观、审慎和适度，不得侵犯未成年人的名誉、隐私和其他合法权益。

第五十条　禁止制作、复制、出版、发布、传播含有宣扬淫秽、色情、暴力、邪教、迷信、赌博、引诱自杀、恐怖主义、分裂主义、极端主义等危害未成年人身心健康内容的图书、报刊、电影、广播电视节目、舞台艺术作品、音像制品、电子出版物和网络信息等。

第五十一条　任何组织或者个人出版、发布、传播的图书、报刊、电影、广播电视节目、舞台艺术作品、音像制品、电子出版物或者网络信息，包含可能影响未成年人身心健康内容的，应当以显著方式作出提示。

第五十二条　禁止制作、复制、发布、传播或者持有有关未成年人的淫秽色情物品和网络信息。

第五十三条　任何组织或者个人不得刊登、播放、张贴或者散发含有危害未成年人身心健康内容的广告；不得在学校、幼儿园播放、张贴或者散发商业广告；不得利用校服、教材等发布或者变相发布商业广告。

第五十四条　禁止拐卖、绑架、虐待、非法收养未成年人，禁止对未成年人实施性侵害、性骚扰。

禁止胁迫、引诱、教唆未成年人参加黑社会性质组织或者从事违法犯罪活动。

禁止胁迫、诱骗、利用未成年人乞讨。

第五十五条 生产、销售用于未成年人的食品、药品、玩具、用具和游戏游艺设备、游乐设施等，应当符合国家或者行业标准，不得危害未成年人的人身安全和身心健康。上述产品的生产者应当在显著位置标明注意事项，未标明注意事项的不得销售。

第五十六条 未成年人集中活动的公共场所应当符合国家或者行业安全标准，并采取相应安全保护措施。对可能存在安全风险的设施，应当定期进行维护，在显著位置设置安全警示标志并标明适龄范围和注意事项；必要时应当安排专门人员看管。

大型的商场、超市、医院、图书馆、博物馆、科技馆、游乐场、车站、码头、机场、旅游景区景点等场所运营单位应当设置搜寻走失未成年人的安全警报系统。场所运营单位接到求助后，应当立即启动安全警报系统，组织人员进行搜寻并向公安机关报告。

公共场所发生突发事件时，应当优先救护未成年人。

第五十七条 旅馆、宾馆、酒店等住宿经营者接待未成年人入住，或者接待未成年人和成年人共同入住时，应当询问父母或者其他监护人的联系方式、入住人员的身份关系等有关情况；发现有违法犯罪嫌疑的，应当立即向公安机关报告，并及时联系未成年人的父母或者其他监护人。

第五十八条 学校、幼儿园周边不得设置营业性娱乐场所、酒吧、互联网上网服务营业场所等不适宜未成年人活动的场所。营业性歌舞娱乐场所、酒吧、互联网上网服务营业场所等不适宜未成年人活动场所的经营者，不得允许未成年人进入；游艺娱乐场所设置的电子游戏设备，除国家法定节假日外，不得向未成年人提供。经营者应当在显著位置设置未成年人禁入、限入标志；对难以判明是否是未成年人的，应当要求其出示身份证件。

第五十九条 学校、幼儿园周边不得设置烟、酒、彩票销售网点。禁止向未成年人销售烟、酒、彩票或者兑付彩票奖金。烟、酒和彩票经营者应当在显著位置设置不向未成年人销售烟、酒或者彩票的标志；对难以判明是否是未成年人的，应当要求其出示身份证件。

任何人不得在学校、幼儿园和其他未成年人集中活动的公共场所吸烟、饮酒。

第六十条 禁止向未成年人提供、销售管制刀具或者其他可能致人严重伤害的器具等物品。经营者难以判明购买者是否是未成年人的，应当要求其出示身份证件。

第六十一条 任何组织或者个人不得招用未满十六周岁未成年人，国家另有规定的除外。

营业性娱乐场所、酒吧、互联网上网服务营业场所等不适宜未成年人活动的场所不得招用已满十六周岁的未成年人。

招用已满十六周岁未成年人的单位和个人应当执行国家在工种、劳动时间、劳动强度和保护措施等方面的规定，不得安排其从事过重、有毒、有害等危害未成年人身心健康的劳动或者危险作业。

任何组织或者个人不得组织未成年人进行危害其身心健康的表演等活动。经未成年人的父母或者其他监护人同意，未成年人参与演出、节目制作等活动，活动组织方应当根据国家有关规定，保障未成年人合法权益。

第六十二条　密切接触未成年人的单位招聘工作人员时，应当向公安机关、人民检察院查询应聘者是否具有性侵害、虐待、拐卖、暴力伤害等违法犯罪记录；发现其具有前述行为记录的，不得录用。

密切接触未成年人的单位应当每年定期对工作人员是否具有上述违法犯罪记录进行查询。通过查询或者其他方式发现其工作人员具有上述行为的，应当及时解聘。

第六十三条　任何组织或者个人不得隐匿、毁弃、非法删除未成年人的信件、日记、电子邮件或者其他网络通讯内容。

除下列情形外，任何组织或者个人不得开拆、查阅未成年人的信件、日记、电子邮件或者其他网络通讯内容：

（一）无民事行为能力未成年人的父母或者其他监护人代未成年人开拆、查阅；

（二）因国家安全或者追查刑事犯罪依法进行检查；

（三）紧急情况下为了保护未成年人本人的人身安全。

第五章　网络保护

第六十四条　国家、社会、学校和家庭应当加强未成年人网络素养宣传教育，培养和提高未成年人的网络素养，增强未成年人科学、文明、安全、合理使用网络的意识和能力，保障未成年人在网络空间的合法权益。

第六十五条　国家鼓励和支持有利于未成年人健康成长的网络内容的创作与传播，鼓励和支持专门以未成年人为服务对象、适合未成年人身心健康特点的网络技术、产品、服务的研发、生产和使用。

第六十六条　网信部门及其他有关部门应当加强对未成年人网络保护工作的监督检查，依法惩处利用网络从事危害未成年人身心健康的活动，为未成年人提供安全、健康的网络环境。

第六十七条　网信部门会同公安、文化和旅游、新闻出版、电影、广播电视等部门根据保护不同年龄阶段未成年人的需要，确定可能影响未成年人身心健康网络信息的种类、范围和判断标准。

第六十八条　新闻出版、教育、卫生健康、文化和旅游、网信等部门应当定期开展预防未成年人沉迷网络的宣传教育，监督网络产品和服务提供者履行预防未成年人沉迷网络的义务，指导家庭、学校、社会组织互相配合，采取科学、合理的方式对未成年人沉迷网络进行预防和干预。

任何组织或者个人不得以侵害未成年人身心健康的方式对未成年人沉迷网络进行干预。

第六十九条　学校、社区、图书馆、文化馆、青少年宫等场所为未成年人提供的互联网上网服务设施，应当安装未成年人网络保护软件或者采取其他安全保护技术措施。

智能终端产品的制造者、销售者应当在产品上安装未成年人网络保护软件，或者以显著方式告知用户未成年人网络保护软件的安装渠道和方法。

附录

第七十条 学校应当合理使用网络开展教学活动。未经学校允许，未成年学生不得将手机等智能终端产品带入课堂，带入学校的应当统一管理。

学校发现未成年学生沉迷网络的，应当及时告知其父母或者其他监护人，共同对未成年学生进行教育和引导，帮助其恢复正常的学习生活。

第七十一条 未成年人的父母或者其他监护人应当提高网络素养，规范自身使用网络的行为，加强对未成年人使用网络行为的引导和监督。

未成年人的父母或者其他监护人应当通过在智能终端产品上安装未成年人网络保护软件、选择适合未成年人的服务模式和管理功能等方式，避免未成年人接触危害或者可能影响其身心健康的网络信息，合理安排未成年人使用网络的时间，有效预防未成年人沉迷网络。

第七十二条 信息处理者通过网络处理未成年人个人信息的，应当遵循合法、正当和必要的原则。处理不满十四周岁未成年人个人信息的，应当征得未成年人的父母或者其他监护人同意，但法律、行政法规另有规定的除外。

未成年人、父母或者其他监护人要求信息处理者更正、删除未成年人个人信息的，信息处理者应当及时采取措施予以更正、删除，但法律、行政法规另有规定的除外。

第七十三条 网络服务提供者发现未成年人通过网络发布私密信息的，应当及时提示，并采取必要的保护措施。

第七十四条　网络产品和服务提供者不得向未成年人提供诱导其沉迷的产品和服务。

网络游戏、网络直播、网络音视频、网络社交等网络服务提供者应当针对未成年人使用其服务设置相应的时间管理、权限管理、消费管理等功能。

以未成年人为服务对象的在线教育网络产品和服务，不得插入网络游戏链接，不得推送广告等与教学无关的信息。

第七十五条　网络游戏经依法审批后方可运营。

国家建立统一的未成年人网络游戏电子身份认证系统。网络游戏服务提供者应当要求未成年人以真实身份信息注册并登录网络游戏。

网络游戏服务提供者应当按照国家有关规定和标准，对游戏产品进行分类，作出适龄提示，并采取技术措施，不得让未成年人接触不适宜的游戏或者游戏功能。

网络游戏服务提供者不得在每日二十二时至次日八时向未成年人提供网络游戏服务。

第七十六条　网络直播服务提供者不得为未满十六周岁的未成年人提供网络直播发布者账号注册服务；为年满十六周岁的未成年人提供网络直播发布者账号注册服务时，应当对其身份信息进行认证，并征得其父母或者其他监护人同意。

第七十七条　任何组织或者个人不得通过网络以文字、图片、音视频等形式，对未成年人实施侮辱、诽谤、威胁或者恶意损害形象等网络欺凌行为。

遭受网络欺凌的未成年人及其父母或者其他监护人有权通知网络服务提供者采取删除、屏蔽、断开链接等措施。网络服务提供者接到通知后，应当及时采取必要的措施制止网络欺凌行为，防止信息扩散。

第七十八条 网络产品和服务提供者应当建立便捷、合理、有效的投诉和举报渠道，公开投诉、举报方式等信息，及时受理并处理涉及未成年人的投诉、举报。

第七十九条 任何组织或者个人发现网络产品、服务含有危害未成年人身心健康的信息，有权向网络产品和服务提供者或者网信、公安等部门投诉、举报。

第八十条 网络服务提供者发现用户发布、传播可能影响未成年人身心健康的信息且未作显著提示的，应当作出提示或者通知用户予以提示；未作出提示的，不得传输相关信息。

网络服务提供者发现用户发布、传播含有危害未成年人身心健康内容的信息的，应当立即停止传输相关信息，采取删除、屏蔽、断开链接等处置措施，保存有关记录，并向网信、公安等部门报告。

网络服务提供者发现用户利用其网络服务对未成年人实施违法犯罪行为的，应当立即停止向该用户提供网络服务，保存有关记录，并向公安机关报告。

第六章　政　府　保　护

第八十一条 县级以上人民政府承担未成年人保护协调机制

具体工作的职能部门应当明确相关内设机构或者专门人员，负责承担未成年人保护工作。

乡镇人民政府和街道办事处应当设立未成年人保护工作站或者指定专门人员，及时办理未成年人相关事务；支持、指导居民委员会、村民委员会设立专人专岗，做好未成年人保护工作。

第八十二条　各级人民政府应当将家庭教育指导服务纳入城乡公共服务体系，开展家庭教育知识宣传，鼓励和支持有关人民团体、企业事业单位、社会组织开展家庭教育指导服务。

第八十三条　各级人民政府应当保障未成年人受教育的权利，并采取措施保障留守未成年人、困境未成年人、残疾未成年人接受义务教育。

对尚未完成义务教育的辍学未成年学生，教育行政部门应当责令父母或者其他监护人将其送入学校接受义务教育。

第八十四条　各级人民政府应当发展托育、学前教育事业，办好婴幼儿照护服务机构、幼儿园，支持社会力量依法兴办母婴室、婴幼儿照护服务机构、幼儿园。

县级以上地方人民政府及其有关部门应当培养和培训婴幼儿照护服务机构、幼儿园的保教人员，提高其职业道德素质和业务能力。

第八十五条　各级人民政府应当发展职业教育，保障未成年人接受职业教育或者职业技能培训，鼓励和支持人民团体、企业事业单位、社会组织为未成年人提供职业技能培训服务。

第八十六条　各级人民政府应当保障具有接受普通教育能力、

能适应校园生活的残疾未成年人就近在普通学校、幼儿园接受教育；保障不具有接受普通教育能力的残疾未成年人在特殊教育学校、幼儿园接受学前教育、义务教育和职业教育。

各级人民政府应当保障特殊教育学校、幼儿园的办学、办园条件，鼓励和支持社会力量举办特殊教育学校、幼儿园。

第八十七条 地方人民政府及其有关部门应当保障校园安全，监督、指导学校、幼儿园等单位落实校园安全责任，建立突发事件的报告、处置和协调机制。

第八十八条 公安机关和其他有关部门应当依法维护校园周边的治安和交通秩序，设置监控设备和交通安全设施，预防和制止侵害未成年人的违法犯罪行为。

第八十九条 地方人民政府应当建立和改善适合未成年人的活动场所和设施，支持公益性未成年人活动场所和设施的建设和运行，鼓励社会力量兴办适合未成年人的活动场所和设施，并加强管理。

地方人民政府应当采取措施，鼓励和支持学校在国家法定节假日、休息日及寒暑假期将文化体育设施对未成年人免费或者优惠开放。

地方人民政府应当采取措施，防止任何组织或者个人侵占、破坏学校、幼儿园、婴幼儿照护服务机构等未成年人活动场所的场地、房屋和设施。

第九十条 各级人民政府及其有关部门应当对未成年人进行卫生保健和营养指导，提供卫生保健服务。

卫生健康部门应当依法对未成年人的疫苗预防接种进行规范，防治未成年人常见病、多发病，加强传染病防治和监督管理，做好伤害预防和干预，指导和监督学校、幼儿园、婴幼儿照护服务机构开展卫生保健工作。

教育行政部门应当加强未成年人的心理健康教育，建立未成年人心理问题的早期发现和及时干预机制。卫生健康部门应当做好未成年人心理治疗、心理危机干预以及精神障碍早期识别和诊断治疗等工作。

第九十一条 各级人民政府及其有关部门对困境未成年人实施分类保障，采取措施满足其生活、教育、安全、医疗康复、住房等方面的基本需要。

第九十二条 具有下列情形之一的，民政部门应当依法对未成年人进行临时监护：

（一）未成年人流浪乞讨或者身份不明，暂时查找不到父母或者其他监护人；

（二）监护人下落不明且无其他人可以担任监护人；

（三）监护人因自身客观原因或者因发生自然灾害、事故灾难、公共卫生事件等突发事件不能履行监护职责，导致未成年人监护缺失；

（四）监护人拒绝或者怠于履行监护职责，导致未成年人处于无人照料的状态；

（五）监护人教唆、利用未成年人实施违法犯罪行为，未成年人需要被带离安置；

（六）未成年人遭受监护人严重伤害或者面临人身安全威胁，需要被紧急安置；

（七）法律规定的其他情形。

第九十三条 对临时监护的未成年人，民政部门可以采取委托亲属抚养、家庭寄养等方式进行安置，也可以交由未成年人救助保护机构或者儿童福利机构进行收留、抚养。

临时监护期间，经民政部门评估，监护人重新具备履行监护职责条件的，民政部门可以将未成年人送回监护人抚养。

第九十四条 具有下列情形之一的，民政部门应当依法对未成年人进行长期监护：

（一）查找不到未成年人的父母或者其他监护人；

（二）监护人死亡或者被宣告死亡且无其他人可以担任监护人；

（三）监护人丧失监护能力且无其他人可以担任监护人；

（四）人民法院判决撤销监护人资格并指定由民政部门担任监护人；

（五）法律规定的其他情形。

第九十五条 民政部门进行收养评估后，可以依法将其长期监护的未成年人交由符合条件的申请人收养。收养关系成立后，民政部门与未成年人的监护关系终止。

第九十六条 民政部门承担临时监护或者长期监护职责的，财政、教育、卫生健康、公安等部门应当根据各自职责予以配合。

县级以上人民政府及其民政部门应当根据需要设立未成年人

救助保护机构、儿童福利机构,负责收留、抚养由民政部门监护的未成年人。

第九十七条　县级以上人民政府应当开通全国统一的未成年人保护热线,及时受理、转介侵犯未成年人合法权益的投诉、举报;鼓励和支持人民团体、企业事业单位、社会组织参与建设未成年人保护服务平台、服务热线、服务站点,提供未成年人保护方面的咨询、帮助。

第九十八条　国家建立性侵害、虐待、拐卖、暴力伤害等违法犯罪人员信息查询系统,向密切接触未成年人的单位提供免费查询服务。

第九十九条　地方人民政府应当培育、引导和规范有关社会组织、社会工作者参与未成年人保护工作,开展家庭教育指导服务,为未成年人的心理辅导、康复救助、监护及收养评估等提供专业服务。

第七章　司法保护

第一百条　公安机关、人民检察院、人民法院和司法行政部门应当依法履行职责,保障未成年人合法权益。

第一百零一条　公安机关、人民检察院、人民法院和司法行政部门应当确定专门机构或者指定专门人员,负责办理涉及未成年人案件。办理涉及未成年人案件的人员应当经过专门培训,熟悉未成年人身心特点。专门机构或者专门人员中,应当有女性工作人员。

公安机关、人民检察院、人民法院和司法行政部门应当对上述机构和人员实行与未成年人保护工作相适应的评价考核标准。

第一百零二条 公安机关、人民检察院、人民法院和司法行政部门办理涉及未成年人案件，应当考虑未成年人身心特点和健康成长的需要，使用未成年人能够理解的语言和表达方式，听取未成年人的意见。

第一百零三条 公安机关、人民检察院、人民法院、司法行政部门以及其他组织和个人不得披露有关案件中未成年人的姓名、影像、住所、就读学校以及其他可能识别出其身份的信息，但查找失踪、被拐卖未成年人等情形除外。

第一百零四条 对需要法律援助或者司法救助的未成年人，法律援助机构或者公安机关、人民检察院、人民法院和司法行政部门应当给予帮助，依法为其提供法律援助或者司法救助。

法律援助机构应当指派熟悉未成年人身心特点的律师为未成年人提供法律援助服务。

法律援助机构和律师协会应当对办理未成年人法律援助案件的律师进行指导和培训。

第一百零五条 人民检察院通过行使检察权，对涉及未成年人的诉讼活动等依法进行监督。

第一百零六条 未成年人合法权益受到侵犯，相关组织和个人未代为提起诉讼的，人民检察院可以督促、支持其提起诉讼；涉及公共利益的，人民检察院有权提起公益诉讼。

第一百零七条 人民法院审理继承案件，应当依法保护未成年人的继承权和受遗赠权。

人民法院审理离婚案件,涉及未成年子女抚养问题的,应当尊重已满八周岁未成年子女的真实意愿,根据双方具体情况,按照最有利于未成年子女的原则依法处理。

第一百零八条 未成年人的父母或者其他监护人不依法履行监护职责或者严重侵犯被监护的未成年人合法权益的,人民法院可以根据有关人员或者单位的申请,依法作出人身安全保护令或者撤销监护人资格。

被撤销监护人资格的父母或者其他监护人应当依法继续负担抚养费用。

第一百零九条 人民法院审理离婚、抚养、收养、监护、探望等案件涉及未成年人的,可以自行或者委托社会组织对未成年人的相关情况进行社会调查。

第一百一十条 公安机关、人民检察院、人民法院讯问未成年犯罪嫌疑人、被告人,询问未成年被害人、证人,应当依法通知其法定代理人或者其成年亲属、所在学校的代表等合适成年人到场,并采取适当方式,在适当场所进行,保障未成年人的名誉权、隐私权和其他合法权益。

人民法院开庭审理涉及未成年人案件,未成年被害人、证人一般不出庭作证;必须出庭的,应当采取保护其隐私的技术手段和心理干预等保护措施。

第一百一十一条 公安机关、人民检察院、人民法院应当与其他有关政府部门、人民团体、社会组织互相配合,对遭受性侵害或者暴力伤害的未成年被害人及其家庭实施必要的心理干预、经济救助、法律援助、转学安置等保护措施。

第一百一十二条 公安机关、人民检察院、人民法院办理未成年人遭受性侵害或者暴力伤害案件,在询问未成年被害人、证人时,应当采取同步录音录像等措施,尽量一次完成;未成年被害人、证人是女性的,应当由女性工作人员进行。

第一百一十三条 对违法犯罪的未成年人,实行教育、感化、挽救的方针,坚持教育为主、惩罚为辅的原则。

对违法犯罪的未成年人依法处罚后,在升学、就业等方面不得歧视。

第一百一十四条 公安机关、人民检察院、人民法院和司法行政部门发现有关单位未尽到未成年人教育、管理、救助、看护等保护职责的,应当向该单位提出建议。被建议单位应当在一个月内作出书面回复。

第一百一十五条 公安机关、人民检察院、人民法院和司法行政部门应当结合实际,根据涉及未成年人案件的特点,开展未成年人法治宣传教育工作。

第一百一十六条 国家鼓励和支持社会组织、社会工作者参与涉及未成年人案件中未成年人的心理干预、法律援助、社会调查、社会观护、教育矫治、社区矫正等工作。

第八章 法律责任

第一百一十七条 违反本法第十一条第二款规定,未履行报告义务造成严重后果的,由上级主管部门或者所在单位对直接负责的主管人员和其他直接责任人员依法给予处分。

第一百一十八条　未成年人的父母或者其他监护人不依法履行监护职责或者侵犯未成年人合法权益的,由其居住地的居民委员会、村民委员会予以劝诫、制止;情节严重的,居民委员会、村民委员会应当及时向公安机关报告。

公安机关接到报告或者公安机关、人民检察院、人民法院在办理案件过程中发现未成年人的父母或者其他监护人存在上述情形的,应当予以训诫,并可以责令其接受家庭教育指导。

第一百一十九条　学校、幼儿园、婴幼儿照护服务等机构及其教职员工违反本法第二十七条、第二十八条、第三十九条规定的,由公安、教育、卫生健康、市场监督管理等部门按照职责分工责令改正;拒不改正或者情节严重的,对直接负责的主管人员和其他直接责任人员依法给予处分。

第一百二十条　违反本法第四十四条、第四十五条、第四十七条规定,未给予未成年人免费或者优惠待遇的,由市场监督管理、文化和旅游、交通运输等部门按照职责分工责令限期改正,给予警告;拒不改正的,处一万元以上十万元以下罚款。

第一百二十一条　违反本法第五十条、第五十一条规定的,由新闻出版、广播电视、电影、网信等部门按照职责分工责令限期改正,给予警告,没收违法所得,可以并处十万元以下罚款;拒不改正或者情节严重的,责令暂停相关业务、停产停业或者吊销营业执照、吊销相关许可证,违法所得一百万元以上的,并处违法所得一倍以上十倍以下的罚款,没有违法所得或者违法所得不足一百万元的,并处十万元以上一百万元以下罚款。

第一百二十二条 场所运营单位违反本法第五十六条第二款规定、住宿经营者违反本法第五十七条规定的,由市场监督管理、应急管理、公安等部门按照职责分工责令限期改正,给予警告;拒不改正或者造成严重后果的,责令停业整顿或者吊销营业执照、吊销相关许可证,并处一万元以上十万元以下罚款。

第一百二十三条 相关经营者违反本法第五十八条、第五十九条第一款、第六十条规定的,由文化和旅游、市场监督管理、烟草专卖、公安等部门按照职责分工责令限期改正,给予警告,没收违法所得,可以并处五万元以下罚款;拒不改正或者情节严重的,责令停业整顿或者吊销营业执照、吊销相关许可证,可以并处五万元以上五十万元以下罚款。

第一百二十四条 违反本法第五十九条第二款规定,在学校、幼儿园和其他未成年人集中活动的公共场所吸烟、饮酒的,由卫生健康、教育、市场监督管理等部门按照职责分工责令改正,给予警告,可以并处五百元以下罚款;场所管理者未及时制止的,由卫生健康、教育、市场监督管理等部门按照职责分工给予警告,并处一万元以下罚款。

第一百二十五条 违反本法第六十一条规定的,由文化和旅游、人力资源和社会保障、市场监督管理等部门按照职责分工责令限期改正,给予警告,没收违法所得,可以并处十万元以下罚款;拒不改正或者情节严重的,责令停产停业或者吊销营业执照、吊销相关许可证,并处十万元以上一百万元以下罚款。

第一百二十六条 密切接触未成年人的单位违反本法第六十二条规定,未履行查询义务,或者招用、继续聘用具有相关违法犯罪记录人员的,由教育、人力资源和社会保障、市场监督管理等部门按照职责分工责令限期改正,给予警告,并处五万元以下罚款;拒不改正或者造成严重后果的,责令停业整顿或者吊销营业执照、吊销相关许可证,并处五万元以上五十万元以下罚款,对直接负责的主管人员和其他直接责任人员依法给予处分。

第一百二十七条 信息处理者违反本法第七十二条规定,或者网络产品和服务提供者违反本法第七十三条、第七十四条、第七十五条、第七十六条、第七十七条、第八十条规定的,由公安、网信、电信、新闻出版、广播电视、文化和旅游等有关部门按照职责分工责令改正,给予警告,没收违法所得,违法所得一百万元以上的,并处违法所得一倍以上十倍以下罚款,没有违法所得或者违法所得不足一百万元的,并处十万元以上一百万元以下罚款,对直接负责的主管人员和其他责任人员处一万元以上十万元以下罚款;拒不改正或者情节严重的,并可以责令暂停相关业务、停业整顿、关闭网站、吊销营业执照或者吊销相关许可证。

第一百二十八条 国家机关工作人员玩忽职守、滥用职权、徇私舞弊,损害未成年人合法权益的,依法给予处分。

第一百二十九条 违反本法规定,侵犯未成年人合法权益,造成人身、财产或者其他损害的,依法承担民事责任。

违反本法规定,构成违反治安管理行为的,依法给予治安管理处罚；构成犯罪的，依法追究刑事责任。

第九章 附 则

第一百三十条 本法中下列用语的含义：

（一）密切接触未成年人的单位，是指学校、幼儿园等教育机构；校外培训机构；未成年人救助保护机构、儿童福利机构等未成年人安置、救助机构；婴幼儿照护服务机构、早期教育服务机构；校外托管、临时看护机构；家政服务机构；为未成年人提供医疗服务的医疗机构；其他对未成年人负有教育、培训、监护、救助、看护、医疗等职责的企业事业单位、社会组织等。

（二）学校，是指普通中小学、特殊教育学校、中等职业学校、专门学校。

（三）学生欺凌，是指发生在学生之间，一方蓄意或者恶意通过肢体、语言及网络等手段实施欺压、侮辱，造成另一方人身伤害、财产损失或者精神损害的行为。

第一百三十一条 对中国境内未满十八周岁的外国人、无国籍人，依照本法有关规定予以保护。

第一百三十二条 本法自 2021 年 6 月 1 日起施行。

中华人民共和国预防未成年人犯罪法

(1999年6月28日第九届全国人民代表大会常务委员会第十次会议通过 根据2012年10月26日第十一届全国人民代表大会常务委员会第二十九次会议《关于修改〈中华人民共和国预防未成年人犯罪法〉的决定》修正 2020年12月26日第十三届全国人民代表大会常务委员会第二十四次会议修订 2020年12月26日中华人民共和国主席令第64号公布 自2021年6月1日起施行)

目　录

第一章　总　则

第二章　预防犯罪的教育

第三章　对不良行为的干预

第四章　对严重不良行为的矫治

第五章　对重新犯罪的预防

第六章　法律责任

第七章　附　则

第一章　总　则

第一条　为了保障未成年人身心健康，培养未成年人良好品行，有效预防未成年人违法犯罪，制定本法。

第二条 预防未成年人犯罪,立足于教育和保护未成年人相结合,坚持预防为主、提前干预,对未成年人的不良行为和严重不良行为及时进行分级预防、干预和矫治。

第三条 开展预防未成年人犯罪工作,应当尊重未成年人人格尊严,保护未成年人的名誉权、隐私权和个人信息等合法权益。

第四条 预防未成年人犯罪,在各级人民政府组织下,实行综合治理。

国家机关、人民团体、社会组织、企业事业单位、居民委员会、村民委员会、学校、家庭等各负其责、相互配合,共同做好预防未成年人犯罪工作,及时消除滋生未成年人违法犯罪行为的各种消极因素,为未成年人身心健康发展创造良好的社会环境。

第五条 各级人民政府在预防未成年人犯罪方面的工作职责是:

(一)制定预防未成年人犯罪工作规划;

(二)组织公安、教育、民政、文化和旅游、市场监督管理、网信、卫生健康、新闻出版、电影、广播电视、司法行政等有关部门开展预防未成年人犯罪工作;

(三)为预防未成年人犯罪工作提供政策支持和经费保障;

(四)对本法的实施情况和工作规划的执行情况进行检查;

(五)组织开展预防未成年人犯罪宣传教育;

(六)其他预防未成年人犯罪工作职责。

第六条 国家加强专门学校建设,对有严重不良行为的未成年人进行专门教育。专门教育是国民教育体系的组成部分,是对有严重不良行为的未成年人进行教育和矫治的重要保护处分措施。

省级人民政府应当将专门教育发展和专门学校建设纳入经济社会发展规划。县级以上地方人民政府成立专门教育指导委员会，根据需要合理设置专门学校。

专门教育指导委员会由教育、民政、财政、人力资源社会保障、公安、司法行政、人民检察院、人民法院、共产主义青年团、妇女联合会、关心下一代工作委员会、专门学校等单位，以及律师、社会工作者等人员组成，研究确定专门学校教学、管理等相关工作。

专门学校建设和专门教育具体办法，由国务院规定。

第七条 公安机关、人民检察院、人民法院、司法行政部门应当由专门机构或者经过专业培训、熟悉未成年人身心特点的专门人员负责预防未成年人犯罪工作。

第八条 共产主义青年团、妇女联合会、工会、残疾人联合会、关心下一代工作委员会、青年联合会、学生联合会、少年先锋队以及有关社会组织，应当协助各级人民政府及其有关部门、人民检察院和人民法院做好预防未成年人犯罪工作，为预防未成年人犯罪培育社会力量，提供支持服务。

第九条 国家鼓励、支持和指导社会工作服务机构等社会组织参与预防未成年人犯罪相关工作，并加强监督。

第十条 任何组织或者个人不得教唆、胁迫、引诱未成年人实施不良行为或者严重不良行为，以及为未成年人实施上述行为提供条件。

第十一条 未成年人应当遵守法律法规及社会公共道德规范，树立自尊、自律、自强意识，增强辨别是非和自我保护的能力，自觉抵制各种不良行为以及违法犯罪行为的引诱和侵害。

第十二条 预防未成年人犯罪，应当结合未成年人不同年龄的生理、心理特点，加强青春期教育、心理关爱、心理矫治和预防犯罪对策的研究。

第十三条 国家鼓励和支持预防未成年人犯罪相关学科建设、专业设置、人才培养及科学研究，开展国际交流与合作。

第十四条 国家对预防未成年人犯罪工作有显著成绩的组织和个人，给予表彰和奖励。

第二章 预防犯罪的教育

第十五条 国家、社会、学校和家庭应当对未成年人加强社会主义核心价值观教育，开展预防犯罪教育，增强未成年人的法治观念，使未成年人树立遵纪守法和防范违法犯罪的意识，提高自我管控能力。

第十六条 未成年人的父母或者其他监护人对未成年人的预防犯罪教育负有直接责任，应当依法履行监护职责，树立优良家风，培养未成年人良好品行；发现未成年人心理或者行为异常的，应当及时了解情况并进行教育、引导和劝诫，不得拒绝或者怠于履行监护职责。

第十七条 教育行政部门、学校应当将预防犯罪教育纳入学校教学计划，指导教职员工结合未成年人的特点，采取多种方式对未成年学生进行有针对性的预防犯罪教育。

第十八条　学校应当聘任从事法治教育的专职或者兼职教师，并可以从司法和执法机关、法学教育和法律服务机构等单位聘请法治副校长、校外法治辅导员。

第十九条　学校应当配备专职或者兼职的心理健康教育教师，开展心理健康教育。学校可以根据实际情况与专业心理健康机构合作，建立心理健康筛查和早期干预机制，预防和解决学生心理、行为异常问题。

学校应当与未成年学生的父母或者其他监护人加强沟通，共同做好未成年学生心理健康教育；发现未成年学生可能患有精神障碍的，应当立即告知其父母或者其他监护人送相关专业机构诊治。

第二十条　教育行政部门应当会同有关部门建立学生欺凌防控制度。学校应当加强日常安全管理，完善学生欺凌发现和处置的工作流程，严格排查并及时消除可能导致学生欺凌行为的各种隐患。

第二十一条　教育行政部门鼓励和支持学校聘请社会工作者长期或者定期进驻学校，协助开展道德教育、法治教育、生命教育和心理健康教育，参与预防和处理学生欺凌等行为。

第二十二条　教育行政部门、学校应当通过举办讲座、座谈、培训等活动，介绍科学合理的教育方法，指导教职员工、未成年学生的父母或者其他监护人有效预防未成年人犯罪。

学校应当将预防犯罪教育计划告知未成年学生的父母或者其

他监护人。未成年学生的父母或者其他监护人应当配合学校对未成年学生进行有针对性的预防犯罪教育。

第二十三条　教育行政部门应当将预防犯罪教育的工作效果纳入学校年度考核内容。

第二十四条　各级人民政府及其有关部门、人民检察院、人民法院、共产主义青年团、少年先锋队、妇女联合会、残疾人联合会、关心下一代工作委员会等应当结合实际，组织、举办多种形式的预防未成年人犯罪宣传教育活动。有条件的地方可以建立青少年法治教育基地，对未成年人开展法治教育。

第二十五条　居民委员会、村民委员会应当积极开展有针对性的预防未成年人犯罪宣传活动，协助公安机关维护学校周围治安，及时掌握本辖区内未成年人的监护、就学和就业情况，组织、引导社区社会组织参与预防未成年人犯罪工作。

第二十六条　青少年宫、儿童活动中心等校外活动场所应当把预防犯罪教育作为一项重要的工作内容，开展多种形式的宣传教育活动。

第二十七条　职业培训机构、用人单位在对已满十六周岁准备就业的未成年人进行职业培训时，应当将预防犯罪教育纳入培训内容。

第三章　对不良行为的干预

第二十八条　本法所称不良行为，是指未成年人实施的不利于其健康成长的下列行为：

（一）吸烟、饮酒；

（二）多次旷课、逃学；

（三）无故夜不归宿、离家出走；

（四）沉迷网络；

（五）与社会上具有不良习性的人交往，组织或者参加实施不良行为的团伙；

（六）进入法律法规规定未成年人不宜进入的场所；

（七）参与赌博、变相赌博，或者参加封建迷信、邪教等活动；

（八）阅览、观看或者收听宣扬淫秽、色情、暴力、恐怖、极端等内容的读物、音像制品或者网络信息等；

（九）其他不利于未成年人身心健康成长的不良行为。

第二十九条　未成年人的父母或者其他监护人发现未成年人有不良行为的，应当及时制止并加强管教。

第三十条　公安机关、居民委员会、村民委员会发现本辖区内未成年人有不良行为的，应当及时制止，并督促其父母或者其他监护人依法履行监护职责。

第三十一条　学校对有不良行为的未成年学生，应当加强管理教育，不得歧视；对拒不改正或者情节严重的，学校可以根据情况予以处分或者采取以下管理教育措施：

（一）予以训导；

（二）要求遵守特定的行为规范；

（三）要求参加特定的专题教育；

（四）要求参加校内服务活动；

（五）要求接受社会工作者或者其他专业人员的心理辅导和行为干预；

（六）其他适当的管理教育措施。

第三十二条 学校和家庭应当加强沟通，建立家校合作机制。学校决定对未成年学生采取管理教育措施的，应当及时告知其父母或者其他监护人；未成年学生的父母或者其他监护人应当支持、配合学校进行管理教育。

第三十三条 未成年学生偷窃少量财物，或者有殴打、辱骂、恐吓、强行索要财物等学生欺凌行为，情节轻微的，可以由学校依照本法第三十一条规定采取相应的管理教育措施。

第三十四条 未成年学生旷课、逃学的，学校应当及时联系其父母或者其他监护人，了解有关情况；无正当理由的，学校和未成年学生的父母或者其他监护人应当督促其返校学习。

第三十五条 未成年人无故夜不归宿、离家出走的，父母或者其他监护人、所在的寄宿制学校应当及时查找，必要时向公安机关报告。

收留夜不归宿、离家出走未成年人的，应当及时联系其父母或者其他监护人、所在学校；无法取得联系的，应当及时向公安机关报告。

第三十六条 对夜不归宿、离家出走或者流落街头的未成年人，公安机关、公共场所管理机构等发现或者接到报告后，应当及时采取有效保护措施，并通知其父母或者其他监护人、所在的寄宿制学校，必要时应当护送其返回住所、学校；无法与其父母或者其他监护人、学校取得联系的，应当护送未成年人到救助保护机构接受救助。

第三十七条　未成年人的父母或者其他监护人、学校发现未成年人组织或者参加实施不良行为的团伙，应当及时制止；发现该团伙有违法犯罪嫌疑的，应当立即向公安机关报告。

第四章　对严重不良行为的矫治

第三十八条　本法所称严重不良行为，是指未成年人实施的有刑法规定、因不满法定刑事责任年龄不予刑事处罚的行为，以及严重危害社会的下列行为：

（一）结伙斗殴，追逐、拦截他人，强拿硬要或者任意损毁、占用公私财物等寻衅滋事行为；

（二）非法携带枪支、弹药或者弩、匕首等国家规定的管制器具；

（三）殴打、辱骂、恐吓，或者故意伤害他人身体；

（四）盗窃、哄抢、抢夺或者故意损毁公私财物；

（五）传播淫秽的读物、音像制品或者信息等；

（六）卖淫、嫖娼，或者进行淫秽表演；

（七）吸食、注射毒品，或者向他人提供毒品；

（八）参与赌博赌资较大；

（九）其他严重危害社会的行为。

第三十九条　未成年人的父母或者其他监护人、学校、居民委员会、村民委员会发现有人教唆、胁迫、引诱未成年人实施严重不良行为的，应当立即向公安机关报告。公安机关接到报告或者发现有上述情形的，应当及时依法查处；对人身安全受到威胁的未成年人，应当立即采取有效保护措施。

第四十条　公安机关接到举报或者发现未成年人有严重不良行为的，应当及时制止，依法调查处理，并可以责令其父母或者其他监护人消除或者减轻违法后果，采取措施严加管教。

第四十一条　对有严重不良行为的未成年人，公安机关可以根据具体情况，采取以下矫治教育措施：

（一）予以训诫；

（二）责令赔礼道歉、赔偿损失；

（三）责令具结悔过；

（四）责令定期报告活动情况；

（五）责令遵守特定的行为规范，不得实施特定行为、接触特定人员或者进入特定场所；

（六）责令接受心理辅导、行为矫治；

（七）责令参加社会服务活动；

（八）责令接受社会观护，由社会组织、有关机构在适当场所对未成年人进行教育、监督和管束；

（九）其他适当的矫治教育措施。

第四十二条　公安机关在对未成年人进行矫治教育时，可以根据需要邀请学校、居民委员会、村民委员会以及社会工作服务机构等社会组织参与。

未成年人的父母或者其他监护人应当积极配合矫治教育措施的实施，不得妨碍阻挠或者放任不管。

第四十三条 对有严重不良行为的未成年人，未成年人的父母或者其他监护人、所在学校无力管教或者管教无效的，可以向教育行政部门提出申请，经专门教育指导委员会评估同意后，由教育行政部门决定送入专门学校接受专门教育。

第四十四条 未成年人有下列情形之一的，经专门教育指导委员会评估同意，教育行政部门会同公安机关可以决定将其送入专门学校接受专门教育：

（一）实施严重危害社会的行为，情节恶劣或者造成严重后果；

（二）多次实施严重危害社会的行为；

（三）拒不接受或者配合本法第四十一条规定的矫治教育措施；

（四）法律、行政法规规定的其他情形。

第四十五条 未成年人实施刑法规定的行为、因不满法定刑事责任年龄不予刑事处罚的，经专门教育指导委员会评估同意，教育行政部门会同公安机关可以决定对其进行专门矫治教育。

省级人民政府应当结合本地的实际情况，至少确定一所专门学校按照分校区、分班级等方式设置专门场所，对前款规定的未成年人进行专门矫治教育。

前款规定的专门场所实行闭环管理，公安机关、司法行政部门负责未成年人的矫治工作，教育行政部门承担未成年人的教育工作。

第四十六条 专门学校应当在每个学期适时提请专门教育指导委员会对接受专门教育的未成年学生的情况进行评估。对经评估适合转回普通学校就读的，专门教育指导委员会应当向原决定机关提出书面建议，由原决定机关决定是否将未成年学生转回普通学校就读。

原决定机关决定将未成年学生转回普通学校的，其原所在学校不得拒绝接收；因特殊情况，不适宜转回原所在学校的，由教育行政部门安排转学。

第四十七条 专门学校应当对接受专门教育的未成年人分级分类进行教育和矫治，有针对性地开展道德教育、法治教育、心理健康教育，并根据实际情况进行职业教育；对没有完成义务教育的未成年人，应当保证其继续接受义务教育。

专门学校的未成年学生的学籍保留在原学校，符合毕业条件的，原学校应当颁发毕业证书。

第四十八条 专门学校应当与接受专门教育的未成年人的父母或者其他监护人加强联系，定期向其反馈未成年人的矫治和教育情况，为父母或者其他监护人、亲属等看望未成年人提供便利。

第四十九条 未成年人及其父母或者其他监护人对本章规定的行政决定不服的，可以依法提起行政复议或者行政诉讼。

第五章 对重新犯罪的预防

第五十条 公安机关、人民检察院、人民法院办理未成年人刑事案件，应当根据未成年人的生理、心理特点和犯罪的情况，有针对性地进行法治教育。

对涉及刑事案件的未成年人进行教育，其法定代理人以外的成年亲属或者教师、辅导员等参与有利于感化、挽救未成年人的，公安机关、人民检察院、人民法院应当邀请其参加有关活动。

第五十一条　公安机关、人民检察院、人民法院办理未成年人刑事案件，可以自行或者委托有关社会组织、机构对未成年犯罪嫌疑人或者被告人的成长经历、犯罪原因、监护、教育等情况进行社会调查；根据实际需要并经未成年犯罪嫌疑人、被告人及其法定代理人同意，可以对未成年犯罪嫌疑人、被告人进行心理测评。

社会调查和心理测评的报告可以作为办理案件和教育未成年人的参考。

第五十二条　公安机关、人民检察院、人民法院对于无固定住所、无法提供保证人的未成年人适用取保候审的，应当指定合适成年人作为保证人，必要时可以安排取保候审的未成年人接受社会观护。

第五十三条　对被拘留、逮捕以及在未成年犯管教所执行刑罚的未成年人，应当与成年人分别关押、管理和教育。对未成年人的社区矫正，应当与成年人分别进行。

对有上述情形且没有完成义务教育的未成年人，公安机关、人民检察院、人民法院、司法行政部门应当与教育行政部门相互配合，保证其继续接受义务教育。

第五十四条 未成年犯管教所、社区矫正机构应当对未成年犯、未成年社区矫正对象加强法治教育，并根据实际情况对其进行职业教育。

第五十五条 社区矫正机构应当告知未成年社区矫正对象安置帮教的有关规定，并配合安置帮教工作部门落实或者解决未成年社区矫正对象的就学、就业等问题。

第五十六条 对刑满释放的未成年人，未成年犯管教所应当提前通知其父母或者其他监护人按时接回，并协助落实安置帮教措施。没有父母或者其他监护人、无法查明其父母或者其他监护人的，未成年犯管教所应当提前通知未成年人原户籍所在地或者居住地的司法行政部门安排人员按时接回，由民政部门或者居民委员会、村民委员会依法对其进行监护。

第五十七条 未成年人的父母或者其他监护人和学校、居民委员会、村民委员会对接受社区矫正、刑满释放的未成年人，应当采取有效的帮教措施，协助司法机关以及有关部门做好安置帮教工作。

居民委员会、村民委员会可以聘请思想品德优秀，作风正派，热心未成年人工作的离退休人员、志愿者或其他人员协助做好前款规定的安置帮教工作。

第五十八条 刑满释放和接受社区矫正的未成年人，在复学、升学、就业等方面依法享有与其他未成年人同等的权利，任何单位和个人不得歧视。

第五十九条 未成年人的犯罪记录依法被封存的，公安机关、人民检察院、人民法院和司法行政部门不得向任何单位或者个人提供，但司法机关因办案需要或者有关单位根据国家有关规定进行查询的除外。依法进行查询的单位和个人应当对相关记录信息予以保密。

未成年人接受专门矫治教育、专门教育的记录，以及被行政处罚、采取刑事强制措施和不起诉的记录，适用前款规定。

第六十条 人民检察院通过依法行使检察权，对未成年人重新犯罪预防工作等进行监督。

第六章 法律责任

第六十一条 公安机关、人民检察院、人民法院在办理案件过程中发现实施严重不良行为的未成年人的父母或者其他监护人不依法履行监护职责的，应当予以训诫，并可以责令其接受家庭教育指导。

第六十二条 学校及其教职员工违反本法规定，不履行预防未成年人犯罪工作职责，或者虐待、歧视相关未成年人的，由教育行政等部门责令改正，通报批评；情节严重的，对直接负责的主管人员和其他直接责任人员依法给予处分。构成违反治安管理行为的，由公安机关依法予以治安管理处罚。

教职员工教唆、胁迫、引诱未成年人实施不良行为或者严重不良行为，以及品行不良、影响恶劣的，教育行政部门、学校应当依法予以解聘或者辞退。

第六十三条 违反本法规定，在复学、升学、就业等方面歧视相关未成年人的，由所在单位或者教育、人力资源社会保障等部门责令改正；拒不改正的，对直接负责的主管人员或者其他直接责任人员依法给予处分。

第六十四条　有关社会组织、机构及其工作人员虐待、歧视接受社会观护的未成年人，或者出具虚假社会调查、心理测评报告的，由民政、司法行政等部门对直接负责的主管人员或者其他直接责任人员依法给予处分，构成违反治安管理行为的，由公安机关予以治安管理处罚。

第六十五条　教唆、胁迫、引诱未成年人实施不良行为或者严重不良行为，构成违反治安管理行为的，由公安机关依法予以治安管理处罚。

第六十六条　国家机关及其工作人员在预防未成年人犯罪工作中滥用职权、玩忽职守、徇私舞弊的，对直接负责的主管人员和其他直接责任人员，依法给予处分。

第六十七条　违反本法规定，构成犯罪的，依法追究刑事责任。

第七章　附　　则

第六十八条　本法自 2021 年 6 月 1 日起施行。

图书在版编目（CIP）数据

最新《未成年人保护法》《预防未成年人犯罪法》100问／中国法制出版社编． -- 2版． -- 北京：中国法制出版社，2024.8（2025.8重印）．--（公民新法早知道系列）．
ISBN 978-7-5216-4593-4

Ⅰ．D922.183.5

中国国家版本馆CIP数据核字第20242WC396号

责任编辑：程　思　　　　　　　　　　　　　　封面设计：杨鑫宇

最新《未成年人保护法》《预防未成年人犯罪法》100问
ZUIXIN《WEICHENGNIANREN BAOHUFA》《YUFANG WEICHENGNIANREN FANZUIFA》100 WEN

编者/中国法制出版社
经销/新华书店
印刷/北京虎彩文化传播有限公司

| 开本/880毫米×1230毫米　32开 | 印张/5　字数/61千 |
| 版次/2024年8月第2版 | 2025年8月第4次印刷 |

中国法制出版社出版
书号 ISBN 978-7-5216-4593-4　　　　　　　　定价：28.00元

北京市西城区西便门西里甲16号西便门办公区
邮政编码：100053　　　　　　　　　　　传真：010-63141600
网址：http://www.zgfzs.com　　　　编辑部电话：010-63141806
市场营销部电话：010-63141612　　　印务部电话：010-63141606

（如有印装质量问题，请与本社印务部联系。）